Uni-Taschenbücher 2034

W0287476

UTB
FÜR WISSEN
SCHAFT

Eine Arbeitsgemeinschaft der Verlage

Wilhelm Fink Verlag München
A. Francke Verlag Tübingen und Basel
Paul Haupt Verlag Bern · Stuttgart · Wien
Hüthig Fachverlage Heidelberg
Verlag Leske + Budrich GmbH Opladen
Lucius & Lucius Verlagsgesellschaft Stuttgart
Mohr Siebeck Tübingen
Quelle & Meyer Verlag Wiesbaden
Ernst Reinhardt Verlag München und Basel
Schäffer-Poeschel Verlag Stuttgart
Ferdinand Schöningh Verlag Paderborn · München · Wien · Zürich
Eugen Ulmer Verlag Stuttgart
Vandenhoeck & Ruprecht in Göttingen und Zürich

Kurs Philosophie. Propaedeutica & Paradeigmata.

Hrsg. von Jan P. Beckmann und Annemarie Gethmann-Siefert

Vorliegendes Buch stellt die erstmals ins Deutsche übersetzte und vom Autor überarbeitete Fassung seiner in den USA seit vielen Jahren als studentisches Lernmittel bewährten Introduction to Logic (1953, 10. Aufl. 1997) dar. Die Kurseinheiten 1-4 des gleichnamigen Fernstudienkurses entstanden unter Mitarbeit von S. Rowe. Die vom Autor in Zusammenarbeit mit J. Hawthorne 1988 vorgenommene Erweiterung um die Kurseinheiten 5 und 6 zur Modallogik erfolgte auf Wunsch des Instituts für Philosophie der FernUniversität, wo der Kurs seit 1986 von einer großen Zahl Studierender der Philosophie belegt und unter Verwendung studentischer Anregungen immer wieder überarbeitet worden ist. Prof. Irving Copi (University of Hawaii) und seinen Mitarbeitern, aber auch dem Verlag Prentice Hall sowie der Verwaltung der FernUniversität sei für die Druckerlaubnis gedankt.

Annemarie Pieper

Gibt es eine feministische Ethik?

Wilhelm Fink Verlag

Die Deutsche Bibliothek – CIP-Einheitsaufnahme

Pieper, Annemarie:
Gibt es eine feministische Ethik? / Annemarie Pieper. – München: Fink, 1998
(UTB für Wissenschaft: Uni-Taschenbücher: 2034)
ISBN 3-7705-3320-8 (Fink)
ISBN 3-8252-2034-6 (UTB)

© 1998 Wilhelm Fink Verlag & Co.KG.
Ohmstraße 5, 80802 München
ISBN 3-7705-3320-8

Das Werk, einschließlich aller seiner Teile, ist urheberrechtlich geschützt. Jede Verwertung außerhalb der engen Grenzen des Urheberrechtsgesetzes ist ohne Zustimmung des Verlages unzulässig und strafbar. Dies gilt insbesondere für Vervielfältigungen, Mikroverfilmungen und die Einspeicherung und Verarbeitung in elektronischen Systemen.

Printed in Germany
Einbandgestaltung: Jürgen Reichert, Stuttgart
Herstellung: Ferdinand Schöningh GmbH, Paderborn

UTB-Bestellnummer: ISBN 3-8252-2034-6 (UTB)

Inhaltsverzeichnis

0 Einleitung

Denken und Philosophieren: den Männern vorbehalten?

Wir können heute auf eine rund dreitausendjährige Geschichte der Philosophie zurückblicken. In dieser Geschichte kommen Frauen nicht vor. Nie hat man von einer Philosophin, einer anerkannt großen Denkerin gehört. Das Denken war seit jeher eine Domäne der Männer, die sie nicht nur mit größter Selbstverständlichkeit für sich reklamiert, sondern durch diskriminierende Ausgrenzung des anderen Geschlechts für dieses unzugänglich gemacht haben. Reden über die Frauen als das kopflose, dafür aber schöne Geschlecht sind Legion. Man könnte dies heute achselzuckend als ein Vorurteil abtun, das längst als solches durchschaut ist. Aber ist es das wirklich? Die Tatsache, daß man im Fach „Philosophie" die Lehrstuhlinhaberinnen im gesamten deutschsprachigen Raum bequem an zwei Händen abzählen kann - es sind weniger als 2 % -, ist ein Indiz dafür, daß besagtes Vorurteil keineswegs ausgeräumt ist. Der Geist weht nach wie vor männlich und erlaubt den Frauen allenfalls gönnerhaft ein gelegentliches Mit- oder Nachsäuseln. Das Bestürzende an der jahrtausendealten Diffamierung des weiblichen Denkvermögens scheint mir darin zu bestehen, daß weniger der gewöhnliche Mann von der Straße, der Repräsentant des common sense also, den Frauen das Mitspracherecht auf intellektueller Ebene absprach, sondern daß die Philosophen es waren, ausgerechnet diejenigen also, die es aufgrund ihres geschulten rationalen Urteilsvermögens und aus der Distanz des sachgerechten, kritischen Beobachters eigentlich besser hätten wissen müssen. Wie kommt es, daß z. B. ein so belesener und gelehrter Mann wie Aristoteles behaupten konnte, das männliche

Geschlecht sei das bessere und daher zum Herrschen über das weibliche bestimmt, das aus „verkrüppelten Männchen“ bestehe und nur dienende Funktion beanspruchen könne (Pol. 1254 b 12)? Eine Frau, die Leistungs- und Führungsaufgaben beanspruche, wäre „widernatürlich veranlagt“ (1259 b 4). Oder was hat Kant zu der Annahme bewogen, die Frau sei zum wissenschaftlichen Studium ungeeignet? (Die Frau besitzt nach Kant im Unterschied zum Mann keinen „tiefen“, sondern einen „schönen“ Verstand, der sich nicht um „abstrakte Spekulationen oder Kenntnisse, die nützlich, aber trocken sind“, kümmern soll, sondern allein um den Mann und dessen Bequemlichkeiten.[1]) Weshalb bestreitet Schopenhauer, daß die Frau Genie besitzen könne?[2]

Wie konnte sogar die Frage aufkommen, ob die Frauen überhaupt Menschen seien? Was berechtigt zu dem pauschalen Urteil, Frauen hätten keine Logik und wären daher unfähig, rational zu argumentieren? Die Frau als dummes, geistloses, irrationales, schwatzhaftes, hysterisches Geschöpf, das ohne die Anleitung eines männlichen Verstandes auf der Stufe des Tieres stehenbliebe - diese Vorstellung ist seit jeher die ‘herr’schende. Da die Philosophen sich dadurch auszeichnen sollen, daß sie nicht willkürliche Behauptungen aufstellen, sondern ihre Thesen

---

1 Vgl. *Kant, Immanuel*: Beobachtungen über das Gefühl des Schönen und Erhabenen. In: *Werke*, hg. von Wilhelm Weischedel, Bd. 2, Darmstadt 1960, 843 ff.

2 Vgl. *Schopenhauer, Arthur*: *Die Welt als Wille und Vorstellung. Erster Band* (*Sämtliche Werke*, Bd. 2), Darmstadt 1968, 696: „Unverstand schadet bei Weibern nicht: eher noch könnte überwiegende Geisteskraft, oder gar Genie, als eine Abnormität, ungünstig wirken.“

argumentativ zu begründen pflegen, ist zu fragen, wie sie es denn im Fall der Frau mit der Begründung gehalten haben. Kann z. B. das vorgebliche Rationalitätsdefizit der Frauen *empirisch* aufgewiesen werden? Es gab und gibt in der Tat dumme Frauen, wie immer man im Einzelfall den Intelligenzquotienten ermitteln mag. Wer wollte dies bestreiten? Aber es gab und gibt wohl ebenso unbestreitbar auch dumme Männer, so daß die Empirie keinen hinreichenden Grund bietet, um die These der weiblichen Inferiorität insgesamt zu stützen. Die Philosophen haben daher viel feiner argumentiert. Sie beriefen sich nämlich auf die Natur, die bei den Frauen ersichtlich schwächer konstituiert sei als bei den Männern. Starke Körperkräfte lassen auf einen starken Willen und einen ebensolchen Verstand schließen; deren Mangel hingegen ist offenbar ein Indiz für Defizite auch im Bereich des Geistigen. Auf den hier vorliegenden Fehlschluß einzugehen, erübrigt sich; er liegt auf der Hand.

Sind Frauen von Natur aus dumm ...

Ein zweites Argument bezieht sich darauf, daß die Frau Sklavin ihrer Gefühle sei und überschießende Emotionen sie daran hinderten, klar zu denken. Des weiteren wurde behauptet, die Frau sei von Natur aus passiv wie die Materie, die eines formenden Verstandes bedürfe, um ihre Trägheit zu überwinden. Die christliche Sündenfall-Lehre schließlich tat ein übriges, um die Frau als ein unreines, zügelloses, sinnlichen Lüsten verfallenes Wesen zu desavouieren, das es mittels sexueller Reize sogar fertiggebracht habe, den Mann zu Fall zu bringen und damit den Geist zu erniedrigen, ja zu beschmutzen. So betrachtet mag es vielleicht nicht verwundern, daß die zurückliegende, von uns überschaubare Zeit für die Frauen und für die Natur insgesamt zur Strafexpedition geriet, die ihnen von den Männern

... oder triebhaft?

auferlegt wurde. Sie mußten die Verstrickungen des Geistes in die Niederungen unkontrollierter Triebe und Leidenschaften büßen, doch so, daß ihr fruchtbares Potential gleichwohl der Verfügungsgewalt des Mannes als dem legitimen Repräsentanten des Geistes zum Zwecke der Fortpflanzung unterstellt wurde. Sämtliche Unterdrückungsmechanismen und Ausbeutungsstrategien konnten auf diese Weise gerechtfertigt werden, wurden sie doch zum Wohle und zur Erhöhung der Betroffenen praktiziert, deren Status der Unmündigkeit dadurch allerdings festgeschrieben wurde.

Gab es tatsächlich keine Philosophinnen in der langen Geschichte der Philosophie? Nach Christina von Braun kann es sie nicht geben, denn sie ist zu dem Schluß gelangt, „daß die Bedeutung eines Denkers im Abendland danach bemessen wird, wie gut es ihm gelungen ist, das Unaussprechliche, das Wort 'Frau' hinter einem Abstraktum verschwinden zu lassen"[3]. Sie spricht geradezu von einer „phallosophischen" Wertskala und einer „phallischen Sexualität"[4]. Der Phallus als Symbol für den uneingeschränkten männlichen Herrschaftsanspruch hat die Frau kopflos gemacht und sie damit aus dem Bereich, in dem allein der Kopf zählt, aus dem Bereich des Denkens, der Philosophie vertrieben.

Dagegen spricht auch nicht, daß hin und wieder, wenn auch eher selten, positive Frauengestalten in der philosophischen Literatur aufgetaucht sind. Es handelt

---

3 *Christina von Braun*: *Nicht ich*. Logik - Lüge - Libido, Frankfurt a. M. 1985, 11

4 Ebenda, 63

sich in der Regel um Göttinnen, Seherinnen, Musen, weise alte Frauen oder Nonnen, die gleichsam geschlechtsneutral sind, da sie eine wie auch immer verklärte und vergeistigte Leiblichkeit besitzen.

Die Frauenforschung ist heute auf der Suche nach Spuren von ihnen, und erste Ergebnisse liegen in Bezug auf Hypatia, eine hellenistische Gelehrte, die um 400 n. Chr. im Museion Philosophie unterrichtet hat, sowie auf Hildegard von Bingen (1098 - 1179) vor, die vor dem Hintergrund benediktinischer Kultur Schriften theologisch-philosophischen Inhalts verfaßt hat. Es gab sie also schon vereinzelt, die Philosophinnen, auch wenn es sie offiziell nicht geben durfte. Vermutlich war bei den männlichen Philosophen auch eine gewisse Furcht mit im Spiel, die sie alles daran setzen ließ, die Frauen aus den geistigen Zirkeln auszuschließen.

Gebärneid der Männer?

Denn die Frau kann etwas, was der Mann nicht kann: gebären. Deshalb möchte er die Kopfgeburten des Geistes allein sich selbst vorbehalten wissen, weil anders die Frau von vornherein begünstigt und in der überlegenen Position wäre, die zu erreichen dem Mann durch seine Natur grundsätzlich verwehrt wäre.

Die durch männliche Interessen geprägten Denkmuster, die sich in den vergangenen 3000 Jahren in der abendländischen Philosophie de facto durchgesetzt haben, sind demnach nicht deshalb auch schon legitimiert, geschweige denn repräsentativ für menschliches Denken schlechthin. Es gilt mithin, die anerzogenen Vorurteile hinsichtlich der Geschlechterdifferenz abzubauen und die damit verbundenen Rollenspiele in ihrer einseitigen Fixiertheit aufzulösen, damit an die Stelle von Herrschaftsstrukturen eine Solidarität treten kann, die allen Zweifeln und Verletzungen zum Trotz durch die versöhnende Kraft der allen Menschen gemeinsamen Vernunft die Geschlechter miteinander verbindet.

Wie ungemein schwierig dies jedoch ist, läßt sich an einem krassen Beispiel zeigen, anhand eines Buches, das 1958, als es in der juristischen Diskussion um die Gleichberechtigung von Mann und Frau ging, erschienen ist.[5] Es ging darum, ob die Gleichberechtigung zwischen Mann und Frau, die vom Grundgesetz vorgeschrieben ist, nicht im Widerspruch stehe zu einem natürlichen „Entscheidungsrecht des Mannes in der Familie". Vor 40 Jahren haben sich also Naturrechtsphilosophen daran gemacht zu begründen, wieso es ein natürliches Entscheidungsrecht des Mannes in Ehe und Familie gäbe. Dieses Gutachten von etwa 600 Seiten hat in der öffentlichen Diskussion in Deutschland eine erhebliche Rolle gespielt. Es heißt dort:

> Integration und Desintegration menschlicher Leibgestalt zeigen sich bei deren Ruhestellung von allem gesamthaft als Mittelpunktsflüchtigkeit der männlichen und Mittelpunktsgesammeltheit der fraulichen Körperform. Beim Mann überwiegen die Extremitäten und weisen so nach außen; bei der Frau überwiegt der Rumpf, und damit erscheint die Peripherie des Leibes auf die Mitte bezogen.[6]

Das wird noch mit anderen Stellen belegt. Etwa 30 Seiten später kommen dann die Folgerungen über den entscheidenden Rechtsbezug von Mann und Frau:

---

5 *Ziegler, Albert*: *Das natürliche Entscheidungsrecht des Mannes in Ehe und Familie*. Ein Beitrag zur Gleichberechtigung von Mann und Frau, Heidelberg 1958

6 Ebenda, 57

> Der Mann als befehlsbefähigt. Der männliche Weltbezug desintegrierter Spontaneität entspricht deutlich jener vorgestalteten Rechtssetzung des Befehlens. Die vom männlichen Daseinsraum verlangte vereinheitlichende Einseitigkeit erweist sich im Rechtsbereich als jene befehlsgeforderte Konsequenz. [...] Die Frau als gehorsamsgeeignet. Der frauliche Weltbezug integrierter Rezeptivität entspricht eindeutig jener im Gehorsam auszuführenden Ausgestaltung des im Befehl gesetzten Rechts.[7]

Der Mann befiehlt, die Frau gehorcht.

Es ist erst 40 Jahre her, daß man in der Rechtsprechung von solchen Vorurteilen ausging, und man kann getrost annehmen, daß auch heute noch das Bewußtsein der Männer vielfach durch das Schema: Mann - Befehl, Frau - Gehorsam geprägt ist.

Wenn man etwas über das moderne Frauenbild und damit über unser heutiges Selbstverständnis als Frauen sagen will, muß man den eben skizzierten historischen Hintergrund und die der Frau traditionell zugewiesene Rolle kennen, um die immensen Schwierigkeiten zu begreifen, mit denen nicht nur die Frauen zu kämpfen haben, sondern auch die Männer, die zutiefst verunsichert sind über die Tatsache, daß die Frauen ihren angestammten Platz in Küche und Haushalt nicht mehr als das Nonplusultra empfinden, sondern auch überall dort kompetent mitreden wollen, wo bisher ausschließlich Männer das Sagen hatten: in Politik, Wirtschaft, Wissenschaft und Jurisprudenz. Im Grunde sind Frauen dort nach wie vor eher unerwünscht, aber da sich das jahrhundertealte Vorurteil von der Minderwertigkeit der Frau nicht mehr aufrechterhalten läßt, gibt es keine vernünftigen

---

7 Ebenda

Gründe, sie von der aktiven Mitgestaltung unserer Lebenswelt auszuschließen.

Trotz aller Widerstände nicht nur von seiten der Männer, sondern auch aus den eigenen Reihen der Frauen, die sich in radikalen Feministinnen und Emanzen nicht wiederzuerkennen vermögen und deshalb ihre Anliegen unartikuliert lassen, ist die Emanzipation der Frauen unaufhaltsam auf dem Vormarsch, und das ist gut so, auch wenn gelegentliche Auswüchse der Sache der Frauen nicht immer dienlich sind. Die Welt, wie sie heute ist, der desolate Zustand, in dem sich die Natur und mit ihr die Menschheit befindet, verdankt sich zum größten Teil jenen Herrschaftsstrukturen, die durch eine männliche Rationalität geprägt wurden - eine Rationalität, die alles beherrschen, über alles Macht ausüben und verfügen will, unangesehen der Zerstörungen, die dies für das Beherrschte, Machtlose, Unterdrückte zur Folge hat.

Frauen als mitgemeinte sind sprachlich inexistent.

Diese männlichen Herrschaftsstrukturen erstrecken sich bis in die Sprache hinein, in welcher Frauen bis vor kurzem als eigenständige Gruppierung nicht vorkamen, weil sie unter den männlichen Geschlechtsbezeichnungen als stillschweigend mitinbegriffen galten. Es war immer nur die Rede von Bürgern, Ärzten, Studenten, Sportlern, Politikern usf.; die Funktionen und Leistungen von Frauen waren sprachlich weitgehend inexistent, selbst wenn diese in der Mehrheit waren. Selbstverständlich war es ein Ärztekongreß, auch wenn Ärztinnen den überwiegenden Anteil der Teilnehmerinnen bildeten. Die feministische Sprachkritik hat hier den Boden für eine neue Sprachsensibilität vorbereitet, indem sie auf die vielfältigen Formen der Diskriminierung von Frauen durch eine einseitig geschlechtsspezifische

Sprache hinweist, die ein ebenso einseitig geprägtes Weltbild und eine verkürzte Sicht der Wirklichkeit insgesamt widerspiegelt.

Aber daß z.B. im 1997 bei Rowohlt erschienenen Philosophielexikon das Stichwort „Feminismus" ebenso durch Abwesenheit glänzt[8] wie in dem 1988 neu herausgegebenen Philosophischen Wörterbuch des Herder Verlags, ist ein Zeichen dafür, daß hier eine Entwicklung in der Philosophie selber nicht zur Kenntnis genommen, verschlafen oder als bloße Modeerscheinung abgetan wurde. Auch im Staatslexikon, dessen 5 Bände 1985 - 1989 neu aufgelegt wurden, gibt es nichts zum Feminismus. Dafür findet man unter dem Stichwort „Frau" den Verweis auf „Ehe und Familie", „Frauenbewegung" und „Geschlechter", wobei bezeichnenderweise die Artikel „Ehe und Familie" und „Geschlechter" ausschließlich von Männern (darunter Theologen) verfaßt wurden, der Artikel „Frauenbewegung" von zwei Frauen. Entdeckt habe ich „Feminismus" als eigenständiges Stichwort lediglich im Frauenlexikon, 1988 bei Herder erschienen (1991 als Taschenbuch); weitere Stichwörter sind dort „feministische Literatur" und „feministische Theologie". Die magere Ausbeute ist ein Anzeichen dafür, daß die von Frauen auf allen Gebieten des Wissens nunmehr seit über dreißig Jahren vor allem in Amerika und Frankreich, dann auch im deutschen Sprachgebiet geführte Debatte noch keinen Eingang in die Dokumentationen des Zeitgeistes gefunden hat, obwohl die Literatur zu feministischen Fragestellungen inzwischen nicht mehr zu übersehen ist. Doch schon das Wort „feministisch"

---

8 In der Neuauflage als Taschenbuch ist nun immerhin ein kurzer Artikel über feministische Philosophie enthalten.

wirkt auf viele provokativ und bestärkt gerade bei denen, die noch nie einen feministischen Beitrag gelesen haben, das Vorurteil, Feministinnen redeten nur aus dem Bauch, und was dabei herauskäme, sei unwissenschaftliches Geschwätz. Doch selbst die Wohlmeinenden und Gutwilligen bekunden häufig Schwierigkeiten, den feministischen Ansatz wenigstens versuchsweise einmal durchzuspielen, weil der seit zweieinhalb Jahrtausenden dominierende androzentrische Ansatz nicht als geschlechtsbezogene Perspektive wahrgenommen, sondern als ein rationaler, geschlechterübergreifender und damit universaler Zugang zu den Gegenständen möglichen Wissens ausgegeben wurde. Die Landschaft der feministischen Philosophie ist heute vielfältig differenziert, wobei sowohl in philosophiegeschichtlicher als auch in systematischer Hinsicht bedenkenswerte Resultate erzielt wurden, ganz davon abgesehen, daß auf feministischer Ebene der sonst häufig erhobene Vorwurf mangelnder Interdisziplinarität bei der Untersuchung komplexer Fragestellungen ernst genommen wurde.

In den einschlägigen Lexika sucht man vergeblich nach Frauen.

Im öffentlichen Bewußtsein gibt es keinen Feminismus und keine Gender-Perspektive und letztlich natürlich auch keine Frauen. Konsultieren wir das hilfreiche Nachschlagewerk *Lexikon der philosophischen Werke* von Julian Nida-Rümelin und Franco Volpi[9], so beziehen sich von 1147 Artikeln gerade 6 auf die Werke von 4 Frauen: Hannah Arendt, Hedwig Conrad-Martius, Mechthild von Magdeburg und Edith Stein. Obwohl man sich nicht gescheut hat, auch Arbeiten von zum Teil ganz entlegenen

---

9 *Nida-Rümelin, Julian/Volpi, Franco* (Hrsg.): *Lexikon der philosophischen Werke*, Stuttgart 1988

Philosophen zu dokumentieren, fehlt z.B. Simone de Beauvoir. Ein bißchen stärker werden Frauen dann in dem ebenfalls von Nida-Rümelin herausgegebenen Lexikon *Philosophie der Gegenwart*[10] berücksichtigt. Darin sind unter 131 Personen immerhin 7 Frauen vertreten: Elizabeth Anscombe, Hannah Arendt, Hedwig Conrad-Martius, Luce Irigaray, Julia Kristeva, Edith Stein und Simone Weil. Auch diese Liste ist äußerst schmal, wenn man sieht, daß zwar Sartre vertreten ist, aber wiederum nicht Simone de Beauvoir. Und es fehlen alle heute führenden und auch 1990 schon international bekannten Amerikanerinnen: Seyla Benhabib, Judith Butler, Catharine MacKinnon, Sandra Harding u.a. Diesem Desiderat helfen nun zwei Nachschlagewerke ab, die speziell von Frauen über philosophierende Frauen erstellt wurden.[11] Man reibt sich verwundert die Augen, wenn man in letzterem 204 Philosophinnen aus der abendländischen Kulturgeschichte verzeichnet findet und hört, daß die Liste noch keineswegs vollständig ist.

Diese Gegenüberstellung sollte deutlich machen, wie sich mit dem Blick auch die Gegenstände verändern, wie etwas plötzlich sichtbar wird, was vorher gar nicht vorhanden schien. So hat auch die Gender-Perspektive den Blick geöffnet für eine andere Betrachtungsweise, die nicht nur Frauen zum Vorschein brachte, sondern auch die Männer und ihre Tätigkei-

---

10 *Nida-Rümelin, Julian* (Hrsg.): *Philosophie der Gegenwart*, Stuttgart 1991

11 *Rullmann, Marit*: *Philosophinnen*. Von der Antike bis zur Aufklärung, Dortmund 1993; *Meyer, Ursula/Bennent-Vahle, Heidemarie*: *Philosophinnen-Lexikon*, Aachen 1994 (2. Auflage, Leipzig 1997)

ten in einem anderen Licht sehen ließ. Führen diese ihre Überlegenheit im Körperlichen wie im Geistigen auf die Natur zurück, die die Männer als die eigentlichen, vollständigen und daher zum Herrschen ausersehenen Menschen prädestiniert habe, so stellt die Gender-Perspektive dies als ein Selbstmißverständnis heraus.

Der Mann als Modellmensch

Die Vorstellung des Mannes als dem Ideal des autonomen Menschen am meisten entsprechendes Wesen ist eine soziale Konstruktion. Sie verdankt sich der kollektiven Selbstzuschreibung von Männern, die sich durch Jahrtausende lange Gewöhnung so tiefgreifend in das Selbstverständnis von Männern und Frauen eingeschrieben hat, daß diese Gewohnheit den Charakter eines Naturgesetzes angenommen hat. Doch in Wirklichkeit ist das, was wir als Resultat der Natur oder der Evolution zu betrachten gelernt haben, die Folge einer androzentrischen Interpretation, die - geleitet durch das Apriori von Machtinteressen - die Vielfalt der Welt systematisiert, indem sie sie in hierarchische Ordnungsgebilde faßt und entsprechend alle Gegensätze einander über- und unterordnet. Es wird als ein Gebot der Logik ausgegeben, daß die beiden Glieder eines Gegensatzes nicht gleichwertig sein können, sondern eines davon das höherrangig überlegene sein muß. So haben wir gelernt, daß die Seele besser ist als der Körper, daß das Geistige dem Sinnlichen vorzuziehen ist, daß der Mann, da im Besitz größerer geistiger Kräfte und seelischer Fähigkeiten, der patentere und somit bessere Mensch ist; u.s.w. Es mutet fast wie ein Trick an, wenn jetzt plötzlich allenthalben Bücher über emotionale Intelligenz auf den Markt geworfen werden, nachdem Frauen bisher wegen ihrer angeblich größeren Sinnlichkeit und Emotionalität für unvernünftig erklärt worden sind. Doch diejenigen, die auf einmal die emotionale Vernunft entdeckt haben, denken nicht im mindesten daran, den Frauen auf diesem Gebiet eine Kompetenz zuzuerkennen. Ganz im Gegenteil: Was Emotionen sind, worin der Wert von Gefühlen liegt, das machen die Männer wieder einmal unter sich aus.

Emotionale Intelligenz und soziale Kompetenz

Als sie feststellten, daß Rationalität allein nicht ausreicht, um zwischenmenschliche Beziehungen human zu gestalten, daß vielmehr soziale Kompetenz dazu erforderlich ist, die ihrerseits eine starke Gefühlskomponente besitzt - Anteilnahme, Empathie, Mitleid etc. -, wurde der Ausdruck emotionale Intelligenz geprägt, um den Eindruck zu erwecken, daß unter Emotionalität keine irrationale Einstellung zu verstehen ist, sondern durchaus eine vernunftgeprägte Haltung. Aber letztlich wurde dabei zweierlei geflissentlich übersehen: (1) daß Frauen keineswegs aus einer vernunftlosen Emotionalität („Gefühlsduselei“) heraus urteilen und handeln, sondern gerade wegen ihrer in Familie und Krankenpflege erworbenen sozialen Kompetenz auf der Grundlage eines integrativen Menschenbildes unter Bezugnahme auf den jeweiligen Kontext imstande sind, neben der zweckrationalen Beziehung „Kopf“ und „Hand“ auch das „Herz“ in ihre Überlegungen mit einzubeziehen; (2) daß durch die Wortverbindung *emotionale Intelligenz* eben doch nicht das Gefühl aufgewertet wird, sondern lediglich der Anschein erweckt werden soll, daß den Gefühlen eine ihnen eigene Rationalität innewohne, wodurch sie im Grunde aber zu einem bloßen Annex androzentrischer Rationalitätsauffassung degradiert werden. Carola Meier-Seethaler hat in ihrem kürzlich erschienenen Buch *Gefühl und Urteilskraft.*[12] gezeigt, wie sich Gefühl und Vernunft ohne Reduktionismus so verbinden lassen, daß sie miteinander kooperieren und Synergien entfalten, die ein ganzheitliches Verständnis zwischenmenschlichen Handelns ermöglichen.

Zur besseren Orientierung über das breite Spektrum der Ehtik heute und um die feministische Ethik darin zu situieren, kann die Graphik (s. S. 22-23) herangezogen werden. Der ethische Diskurs wird gegenwärtig unter zwei Gesichtspunkten geführt: Während die reine Grundlagenethik in grundsätzlicher Weise allgemeine moralische Geltungsfragen erörtert, indem sie Sollensforderungen hinsichtlich ihrer faktischen und normativen Gültigkeit problematisiert, hatsich die angewandte Ethik darauf spezialisiert, die allgemein verbindlichen Regeln und Normen für bestimmte Handlungsbereiche zu konkretisieren und damit den Verpflichtungskontext durchsichtig zu machen, in welchem z.B. die Handlungsgemeinschaft der Ärzte, der Politiker oder der Wissenschaftler ihre Praxis ausübt.

Die feministische Ethik setzt sich mit Grundlagenfragen der allgemeinen Ethik ebenso kritisch auseinander wie mit Problemen der angewandten Ethik, doch so, daß sie dabei jeweils die androzentrischen Voraussetzungen mitreflektiert, die sich aus der selbstverständlichen Unterstellung der traditionellen Philosophie ergeben, es sei eine allgemeinmenschliche und als solche geschlechter-übergreifende Perspektive, aus welcher philosophi-

---

12 *Meier-Seethaler, Carola: Gefühl und Urteilskraft.* Ein Plädoyer für die emotionale Vernunft, München 1997

sche Überlegungen erfolgen. Demgegenüber versucht der feministische Ansatz den Nachweis zu erbringen, daß die herkömmliche Philosophie gleichsam „genderinfiziert" ist, d. h. daß der männliche Blick es ist, der in die philosophischen Konstrukte mit eingeht und die behauptete geschlechtsunabhängige Argumentation vom Standpunkt „des Verstandes" oder „der Vernunft" als eine unzulässige Verallgemeinerung erscheinen läßt. Entsprechend geht es der feministischen Ethik einerseits darum, die Grundlagen zu klären, auf welchen der bisherige ethische Diskurs ruhte, bevor sie andererseits darüber nachdenkt, ob es sinnvoll ist, die bisherigen Konzepte einer männlichen Moral durch solche einer weiblichen Moral zu ergänzen und schließlich das Konstrukt einer allgemeinmenschlichen Moral zu entwerfen. Auch in der angewandten Ethik macht sich die feministische Ethik die Gender-Perspektive zu eigen, um die androzentrischen Elemente der bereichsspezifischen Ethiken herauszustellen und Möglichkeiten einer mehrdimensionalen politischen, ökologischen, ökonomischen Ethik etc. zu eruieren.

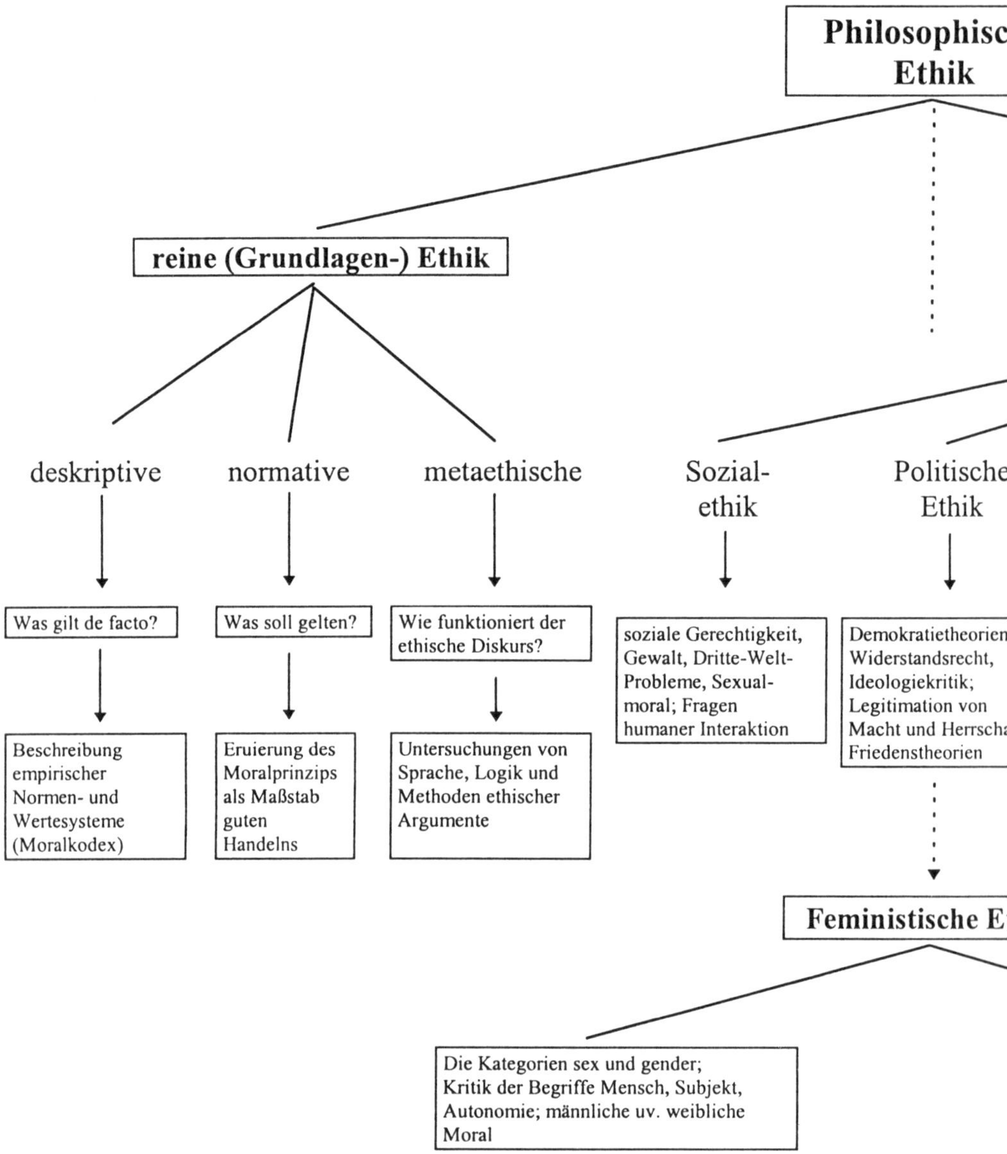
Philosophisc
Ethik
reine (Grundlagen-) Ethik
deskriptive
normative
metaethische
Sozial-
ethik
Politische
Ethik
Was gilt de facto?
Was soll gelten?
Wie funktioniert der ethische Diskurs?
soziale Gerechtigkeit, Gewalt, Dritte-Welt-Probleme, Sexualmoral; Fragen humaner Interaktion
Demokratietheorien
Widerstandsrecht,
Ideologiekritik;
Legitimation von
Macht und Herrscha
Friedenstheorien
Beschreibung empirischer Normen- und Wertesysteme (Moralkodex)
Eruierung des Moralprinzips als Maßstab guten Handelns
Untersuchungen von Sprache, Logik und Methoden ethischer Argumente
Feministische E
Die Kategorien sex und gender; Kritik der Begriffe Mensch, Subjekt, Autonomie; männliche uv. weibliche Moral

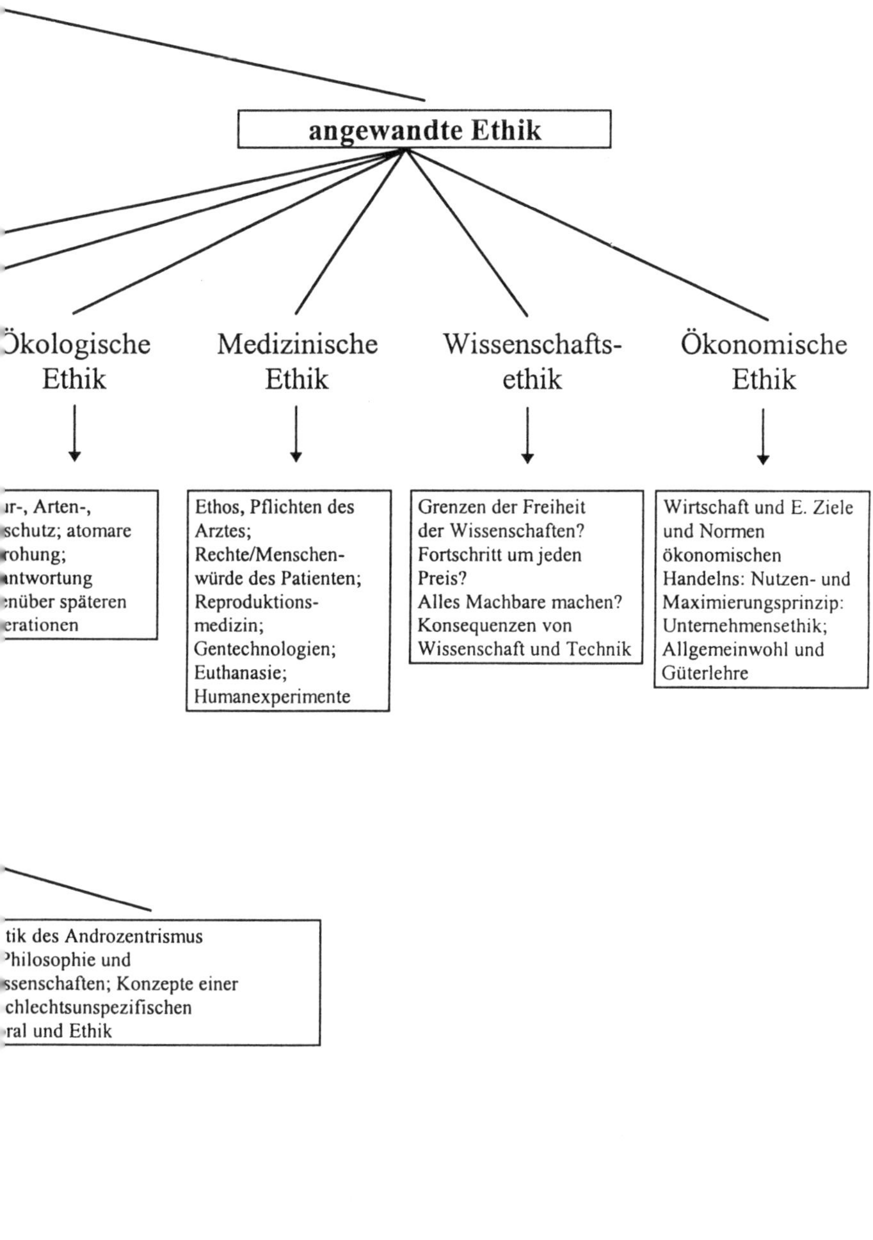
angewandte Ethik
ɔkologische Ethik
Medizinische Ethik
Wissenschafts-ethik
Ökonomische Ethik
ır-, Arten-, schutz; atomare rohung; ıntwortung :nüber späteren erationen
Ethos, Pflichten des Arztes; Rechte/Menschen-würde des Patienten; Reproduktions-medizin; Gentechnologien; Euthanasie; Humanexperimente
Grenzen der Freiheit der Wissenschaften? Fortschritt um jeden Preis? Alles Machbare machen? Konsequenzen von Wissenschaft und Technik
Wirtschaft und E. Ziele und Normen ökonomischen Handelns: Nutzen- und Maximierungsprinzip: Unternehmensethik; Allgemeinwohl und Güterlehre
tik des Androzentrismus ʼhilosophie und ssenschaften; Konzepte einer chlechtsunspezifischen ral und Ethik

1 Was bedeutet feministische Ethik?

Die Bezeichnung "feministische Ethik" hat sich für einen Diskurs über Moral eingebürgert, der in den vergangenen zwei Jahrzehnten vorwiegend von Frauen geführt wurde. Dennoch ist diese Bezeichnung irreführend, weil sie suggeriert, daß es sich um einen Typus von Ethik handelt, der nur Frauen angeht.

Feministische Ethik ist keine Sonderethik für Frauen.

Zwar waren es durchaus Frauenanliegen, die den Anstoß zu feministischen Überlegungen gegeben haben, insbesondere die Frage, weshalb und mit welchen Begründungen Frauen seit jeher in nahezu allen privaten und öffentlichen Bereichen unserer Lebenswelt benachteiligt wurden, aber die Adressaten der Untersuchungen waren Frauen und Männer als gleichermaßen Betroffene.

Feministische Ethik

- ist weder eine bloße Fortsetzung noch eine Ergänzung der traditionellen Ethik aus Frauenperspektive;

- ist kein Parallelunternehmen, das in rivalisierender oder konkurrierender Absicht auf Konfrontationskurs geht;

- ist keine Plattform zum Gegenentwurf einer spezifisch "weiblichen" Moral, die als besser deklariert wird.

In ihren Anfängen mögen feministische Kontroversen um moralische und ethische Probleme noch solche Ziele als vorrangig im Auge gehabt haben, doch im Verlauf der Zeit hat sich immer mehr gezeigt, daß mit der feministischen Ethik ein Perspektivenwechsel vollzogen wurde, vergleichbar vielleicht der "Kopernikanischen Wende", mit welcher Kant die Welt der Objekte nicht mehr als eine dem menschlichen Erkenntnisvermögen vorgegebene, fertige Natur auffaßte, sondern als ein Konstrukt von Objektivität, das durch die erkenntnisbegründenden Leistungen eines Bewußtseins allererst hervorgebracht wird.

Die "Kopernikanische Wende" der feministischen Ethik besteht darin, daß im Bereich des Handelns nicht mehr von der Annahme einer geschlechtsunspezifischen Moralität ausgegangen wird, sondern von einer geschlechtsspezifischen. Möglich wurde dieser Perspektivenwechsel durch die neue Kategorie "gender", die es erlaubte, "Geschlecht" als soziales Konstrukt zu verstehen und damit gegen das natürliche Geschlecht ("sex") abzugrenzen. Aus der Gender-Perspektive stellen sich menschliche Individuen nicht als biologische Wesen mit unterschiedlichen naturalen bzw. genetischen Ausstattungen dar, sondern als Wesen, die in ihrem Selbstverständnis durch historische, soziale, kulturelle Prozesse so geprägt sind, daß sich diese Prägungen tiefgreifend in ihre Körper "eingeschrieben" und die Geschlechtsidentität entscheidend geformt haben.

Die Gender-Perspektive entlarvt die traditionelle Moral als ein androzentrisches Konstrukt.

Auch wenn der Schwerpunkt feministischer Untersuchungen auf der weiblichen Sozialisation in einer patriarchalen Gesellschaft liegt, fällt doch von dort aus der Blick zugleich auf die männliche Sozialisation, die jene Stereotype des Männlichen herausgebildet hat, von denen her das Weibliche als minderwertig deklariert wird.

Gender meint nicht das biologische, sondern das soziale Geschlecht.

In der gender-perspektivischen Anthropologie und Ethik wird die Geschlechterdifferenz ins Zentrum gerückt, weil auf dem Boden einer nicht mehr essentialistisch auf Einheitskonzepte zielenden Philosophie an die Stelle des *Begriffs* des Menschen das Individuum in seiner Besonderheit tritt, zu welcher auch seine Geschlechtsrollenidentität gehört, die sich nicht aus dem biologischen Geschlecht herleiten läßt, sondern sich unter dem Druck gesellschaftlicher Verhältnisse herausgebildet hat.

Das Anliegen, das Individuum nicht mehr im Begriff des Menschen als alle Menschen - unangesehen ihres "Geschlechts" - in abstrakter Allgemeinheit umfassendem Konzept auf- bzw. untergehen zu lassen, teilt die feministische Philosophie mit der Existenzphilosophie. Die Einsicht, daß die Einzelnen gesellschaftlichen Machtstrukturen unterworfen sind, durch die sie mehr oder weniger gezwungen sind, die zu werden, die sie sind, teilt sie mit der marxistischen Philosophie. Darüberhinaus besteht eine gewisse Nähe der feministischen Philosophie zur postmodernen Philosophie, insbesondere zu deren dekonstruktivistischen Versuchen, den Essentialismus der traditionellen Philosophie hinsichtlich der Zwanghaftigkeit und Gewaltsamkeit seiner Logik zu entlarven.

Trotz dieser Gemeinsamkeiten erschließt das Reflektieren aus der Gender-Perspektive nicht nur eine ganz andere Sicht der Dinge, sondern auch eine neue Gegenständlichkeit. Vor allem jedoch schärft es den Blick für das Ausgegrenzte, Ausgeschlossene, Diffamierte, Diskriminierte, das dem blinden Fleck in der herkömmlichen Sichtweise zum Opfer fiel. Daher ist die feministische qua gender-perspektivische Ethik im wesentlichen kritisch:

- Auf der Ebene des Handelns analysiert sie die Defizite sowohl der "männlichen" wie der "weiblichen" Moral, ausgehend von der Voraussetzung, daß alle bisherigen Moralvorstellungen "androzentrisch" bzw. "patriarchal" sind, d.h. sich männlichen Denk- und Handlungsgewohnheiten verdanken, die als allgemein-menschliche Normen unterstellt wurden. Daß die eine Hälfte der Menschheit diese Normen besser durchzusetzen wußte als die andere, verstand sich aufgrund der Annahme einer "natürlichen" Überlegenheit der ersteren und der dadurch statuierten Geschlechterhierarchie von selbst.

- Auf der Ebene der Prinzipien analysiert sie traditionelle Ethik-Modelle hinsichtlich ihrer Prämissen und Methoden, in der Absicht, auch hier die androzentrische Denkweise als solche aufzudecken und Wege zu eröffnen für eine Ethik, die den unterschiedlichen Interessen und Bedürfnissen gleichberechtigter Individuen Rechung trägt.

Männliche und weibliche Moral wurzeln nicht in der Natur, sondern im patriarchalen Selbstverständnis.

Die feministische Ethik versteht sich also als kritisches Instrument und damit als Korrektiv der traditionellen Ethik. Aus der Gender-Perspektive geht es ihr gerade nicht um die Begründung und Rechtfertigung geschlechterübergreifender Moralvorstellungen und Handlungsprinzipien, sondern um die diesen vorgängige Konstitution von Geschlecht (gender), die unter deskriptivem Gesichtspunkt als ein kulturelles Apriori, unter normativem Gesichtspunkt als ein unhintergehbares konstruktives Apriori behauptet wird. Dabei tritt der biologische Unterschied als immer schon mit ideologischen Vorurteilen behafteter, der Willkür der Natur zugeschriebener Unterschied in den Hintergrund.

Feministische Ethik als Korrektiv des Sexismus der traditionellen Ethik

2 Zur Geschichte der feministischen Ethik

Die Anfänge des feministischen Ethikdiskurses in den 70-er Jahren.

Das konsequent systematische Reflektieren aus der Gender-Perspektive bestimmte den feministischen Diskurs seit Beginn der 70-er Jahre dieses Jahrhunderts und ist - weit davon entfernt, als schrilles Emanzen- oder Lesbengeschrei abgetan werden zu können - mittlerweile zu einem Denkansatz avanciert, der in allen Wissenschaften - nicht nur in den Geistes- und Kulturwissenschaften, sondern auch in den Naturwissenschaften - Neuland erobert hat, auch wenn es nach wie vor überwiegend Frauen sind, die diesen Diskurs weitertreiben. Dabei ist das Feld, auf dem geschlechtsorientiert debattiert wird, keineswegs homogen. Die Kontrahentinnen sind inzwischen untereinander so kontrovers und es haben sich so viele Spielarten gender-perspektivischer Kritik und Methodologie herausgebildet, daß ein Überblick nicht ganz leicht ist, zumal die Entwicklungen regional unterschiedlich vonstatten gingen und erst in der jüngsten Zeit aufeinander bezogen wurden.

In Frankreich: Simone de Beauvoir: *Das andere Geschlecht* (1949)

In Frankreich war es Simone de Beauvoir, die vor rund fünfzig Jahren mit ihrem Buch *Le Deuxième Sexe* die Kopernikanische Wende zur Gender-Perspektive - wenn auch nicht unter diesem Namen - vollzog. Ihre provokante These "Man kommt nicht als Frau zur Welt, man wird es."[13]weist bereits darauf hin, daß "Frau" für sie keine biologische Kategorie ist, sondern ein durch den männlichen Blick erzeugtes

---

13 *de Beauvoir, Simone: Das andere Geschlecht. Sitte und Sexus der Frau*, Reinbek 1992. 334.

Konstrukt, das den weiblichen Wesen die Norm vorgibt, der sie zu entsprechen haben. Die Berufung auf "die Natur" als die eigentliche Konstrukteurin des die Männer begünstigenden anatomischen Unterschieds dient nur als Scheinrechtfertigung für die männlichen Privilegien, welche die Machtinteressen verschleiern soll, die die Konstrukteure von Welt mittels ihrer Konstrukte wenn schon nicht in der Herrschaft über ihresgleichen, so doch wenigstens über das "schwache Geschlecht" durchsetzen wollen.

Die Lacan-Schülerinnen

Eine Generation später waren es vor allem Schülerinnen des Psychoanalytikers Jacques Lacan - Luce Irigaray, Julia Kristeva, Hélène Cixous -, die den feministischen Faden weiterspannen, indem sie durch strukturanalytische Untersuchungen des Symbolgehalts der Sprache die phallisch codierten männlichen Begehrensmuster herausstellten, die das Gesetz des Vaters repräsentieren, das die Frau ausschließt, weil sie nicht imstande ist, ihre Identität über den Phallus zu definieren. Sprachlich inexistent, da ihre Beschreibung nur negativ ausfallen kann - sie ist alles das nicht, was der Mann ist -, bietet der in seiner Wurzel männliche Diskurs keine Möglichkeit einer positiven Selbstbestimmung der Frau als Frau.

Luce Irigaray

Während Irigaray auf der Basis der Selbsterfahrung von Frauen einen weiblichen Diskurs über die Geschlechterdifferenz in Gang zu setzen versucht, beschränkt sich Kristeva auf die Analyse der Differenz zwischen Körper und Sprache, die sie im Kontext einer phallischen Ordnung als Folge der mit der ödipalen Struktur verbundenen Kastration deutet. Die mittels Kastrationsdrohung seitens des Vaters erzwungene Ablösung des Knaben von der Mutter macht dem Mädchen bewußt, daß es

Julia Kristeva

gleichsam von Natur aus "kastriert" ist und ihm aufgrund dieses Mangels nichts anderes als die Unterwerfung übrig bleibt.

Helène Cixous

Cixous schließlich hat sich der Entwicklung eines weiblichen Schreibens gewidmet, das die phallozentrische Logik der Ausschließung von Frauen aus dem Diskurs überwinden soll, indem sie am Leitfaden ihrer eigenen Körpererfahrung neue Ausdrucksformen findet, die die weibliche Geschlechtsidentität sprachlich zur Existenz bringen.

In Amerika: Mary Daly

In den USA ging der Anstoß zum Geschlechterdiskurs von einer Theologin aus: Mary Daly, die den theologischen Diskurs radikal sezierte und durch eine Dekonstruierung der männlichen, dem Sexismus Vorschub leistenden Symbole in der Religion einer androgynen Integrität psychisch "ganzer" Menschen den Weg zu bereiten suchte, die Gott im Beziehungsnetz der Geschwisterschaft einer Antikirche wieder zum Leben erwecken wollen. Mittlerweile ist der feministische Ansatz in Form von *Gender Studies* an fast allen amerikanischen Universitäten vertreten, vorwiegend an den geistes- und kulturwissenschaftlichen Fakultäten, zunehmend aber auch in den mathematischen und naturwissenschaftlichen Fächern. Die Kontroverse um die Gender-Perspektive ist noch in vollem Gang und kaum mehr zu überblicken. Dabei gehen die Thesen weit auseinander.

Seyla Benhabib

Während die einen - insbesondere Seyla Benhabib - im Fahrwasser der Frankfurter Schule oder der Rawlsschen Gerechtigkeitstheorie traditionelle Konzepte genderperspektivisch zu reformulieren und für Modelle einer nichtpatriarchalen Gesellschaft fruchtbar zu machen suchen, werfen die anderen - allen voran Judith Butler - im Zuge postmoderner Überlegungen die Genderperspektive bereits wieder über Bord, da sie auch diese noch für ein biologisch konnotiertes, in seiner Wurzel männliches Konstrukt halten und stattdessen eine strikt kontextuelle Lesart favorisieren, die das Muster der Zweigeschlechtlichkeit auflöst und eine Vielfalt von Geschlechtsidentitäten erlaubt.

Judith Butler

Im deutschen Sprachraum ist die feministische Debatte erst mit einiger Verzögerung in Gang gekommen, nachdem im Sog kritischer Sprachanalytikerinnen - Luise F. Pusch und Senta Trömel-Plötz, die das Deutsche als Männersprache entlarvten und sprachliche Sexismen als Formen von Vergewaltigung herausstellten - mehr und mehr feministische Beiträge aus Frankreich und Amerika rezipiert wurden. Diese verspätete Zurkenntnisnahme hat allerdings den Vorteil, daß die bisherige Entwicklung der feministischen Ethik bereits bis zu einem gewissen Grad überblickt und die unterschiedlichen Positionen in eigene Überlegungen mit einbezogen werden können. So resümiert Herlinde Pauer-Studer:

Die deutsche Debatte über die Geschlechterdifferenz

> Feministische Ethik ist wohl ein neuer Denkansatz, prima facie aber keine neue ethische Theorie; sie befindet sich weder auf einer Ebene mit den aus der Geschichte der Philosophie bekannten normativ-ethischen Ansätzen noch mit den im Umfeld der angewandten Ethik neu entstandenen Disziplinen wie Umweltethik, Wirtschaftsethik etc. Vielmehr definiert sie einen bestimmten Blickwinkel auf diese Theorien und auf die Moralphilosophie in ihrer ganzen Breite. Anders gesagt: Feministische Ethik bezeichnet den Versuch, die Perspektive der Geschlechter-differenz auf moralphilosophische Fragen - theoretische Problemstellun-

gen wie auch die philosophische Analyse konkreter moralischer Konfliktsituationen - anzuwenden.[14]

Die Wirklichkeit ist eine Konstruktion.

Insgesamt kann folgendes festgehalten werden: Die aus der Gender-Perspektive betriebene Frauenforschung konnte auf nahezu allen Wissensgebieten nachweisen, daß die Kategorienraster, durch die wir uns Welt erschließen, die Natur ebenso wie unsere Lebenswelt, nicht von uns an der Welt gleichsam abgelesen werden, als handele es sich um objektive Bestandteile, die sich unserem Denken von selbst aufdrängen. Im Gegenteil ist es stets unsere subjektive Perspektive, die uns Natur und Menschenwelt nach Maßgabe unserer Erkenntnisinteressen und Rationalitätskonzepte verfügbar macht, d.h. als Konstrukte, und wir sind die Hypothesen- oder Gesetzeskonstrukteure, die den Dingen eine Struktur unterstellen, die sie *an sich* und *für sich selber* nicht haben, sondern nur *für uns,* die wir in unserer Alltagswelt nicht weniger als in der Scientific Community einen gemeinsamen Verstehenshorizont entwerfen, innerhalb dessen die kategorialen Raster Orientierungsfunktion haben.

Auch das biologische Geschlecht (*sex*) ist ein Konstrukt: von männlicher bzw. weiblicher „Natur“.

Auch bei der Unterscheidung zwischen biologischem und sozialem Geschlecht bzw. sozialer Geschlechterrolle ist darauf zu achten, daß nicht nur das mit *gender,* sondern auch das mit *sex* Gemeinte ein Konstrukt ist, ein Konstrukt allerdings, das sich auf etwas bezieht, was nicht als Resultat gesellschaftlicher Machtverhältnisse, sondern als Produkt der Natur zu begreifen ist. Wenn wir

---

14 *Nagl-Docekal, H./ Pauer-Studer, H.* (Hrsg.): *Jenseits der Geschlechtermoral.* Beiträge zur feministischen Ethik, Frankfurt a. M. 1993, 35

naturwissenschaftlich argumentieren, tun wir - wenn auch in der Regel unausdrücklich - so, als ob die Natur von sich aus nach bestimmten Bauplänen und Gesetzmäßigkeiten agiert, so daß wir nur die Nachkonstrukteure von Mustern dieses ursprünglich naturalen Geschehens sind, das ohne unser Zutun so abläuft, wie es abläuft.

Die sozialkulturelle Kategorie *gender* definiert die Geschlechtsrollenidentität aus männlicher Sicht.

Das Kunstwort *gender*, das eigentlich das grammatische Geschlecht bezeichnet, wurde deshalb in den feministischen Diskurs eingeführt, um der Reduktion des Weiblichen auf die Biologie mittels der Kategorie *sex* einen Riegel vorzuschieben und damit der These, Frauen seien durch ihre Natur dazu determiniert, eben die gesellschaftliche Position einzunehmen, die sie seit Jahrtausenden innehaben, den Boden zu entziehen. Die Kategorie *gender* wurde mithin als soziokulturelle Kategorie in die feministische Kontroverse eingebracht, um ein auf die naturale Kategorie *sex* gestütztes biologisiertes Gesellschaftsverständnis kritisieren zu können und den Nachweis zu erbringen, daß es die Perspektive des männlichen Blicks ist, aus welcher wir Männer als Männer und Frauen als Frauen in bestimmter Weise wahrzunehmen gewöhnt sind. Erst aus der Gender-Perspektive werden soziale Prozesse reflektierbar und biologisch konnotierte Stereotypiebildungen als soziokulturelle männliche Konstrukte sichtbar, die Frauen als gesellschaftlich entwertete Wesen erscheinen lassen.

Biologische Denkstereotype:
- Arbeit

So fielen Frauen z.B. deshalb aus der Geschichte heraus, weil Hausarbeit, Kindererziehung und Krankenpflege nicht als Arbeit anerkannt waren. Als Arbeit galt nur bezahlte Erwerbsarbeit. Daraus wird ersichtlich, daß aus der Gender-Perspektive jeder biologische Rekurs auf die Kategorie *sex* das männliche Machtmonopol nur verschleiert und dem Sexismus Vorschub leistet. Das Argument, *gender* sei wiederum als kausale Folge von *sex* zu begreifen, verlagert den Biologismus nur, weit davon entfernt, die Problematik der Geschlechterdifferenz zu lösen. Ebensowenig ist der Blick der Verhaltensforscher ins Tierreich hilfreich, um etwa die Dominanz des Männlichen zu legitimieren.

- Aggression

Was für tierisches Verhalten angemessen ist, z.B. die Kämpfe der Männchen um die Vorherrschaft im Rudel, das stolze Gebaren des Platzhirschs oder die Unterwürfigkeit der Weibchen, das ist für menschliches Verhalten eine Unterbestimmung, denn das Tier ist nicht fähig, sich zu sich selbst zu verhalten; es hat keine Wahl und gehorcht seinem Instinkt. Der Mensch jedoch begreift sich als seinem Wesen nach frei und undeterminiert, so daß sich Männer durch den Verweis auf die Natur - etwa das Aggressionspotential männlicher Hormone - pikanterweise gerade das absprechen, was sie für sich als das typisch Menschliche reklamieren: die autonome Vernunft. Wenn wir einen Menschen als bloßes Naturwesen charakterisieren, so etwa, indem wir jemanden als Triebtäter bezeichnen, wollen wir damit sagen, daß das betreffende Individuum unfrei ist, gleichsam Sklave seiner Triebe, die es nicht zu beherrschen vermag, so daß man es vor sich selbst und die Gesellschaft vor ihm schützen muß. Insofern sollten Männer sich darüber im klaren sein, was sie sagen, wenn sie einerseits als das starke Geschlecht ihre Überlegenheit auf allen geistigen Gebieten deklarieren, andererseits aber für ihre Aggressionen und Gewaltakte geltend machen, sie könnten nicht anders, und demzufolge hinsichtlich des Umgangs mit ihrer eigenen Natur die Verantwortung auf ihre Gene oder die Evolution abschieben.

3 Die Gender-Perspektive: Ethik der geschlechtsspezifischen Moral

Moral als Machtinstrument, das erwünschtes Rollenverhalten vorschreibt.

Männliche und weibliche Moral sind nicht, wie biologistische Theorien unterstellen, Resultat einer naturalen Ausstattung, sondern Ausprägungen bestimmter Interpretationen und Machtinteressen, die dazu geführt haben, daß Frauen gemäß der ihnen in der Tradition zugewiesenen Rolle als Frau und Mutter ihre Verstandeskräfte im Umfeld von Haushalt, Kindererziehung und Krankenpflege ausbildeten, während die Männer als Ernährer und tragende Staatsorgane ihre Geistesgaben im beruflichen, wirtschaftlichen und politischen Umfeld entfalteten. Daß sie dabei ihr eigenes Selbst- und Identitätsverständnis, das nicht weniger durch die - allerdings selbst gewählte - soziale Rolle bedingt war als das der Frauen, verabsolutierten und als allgemeinmenschliche Denk- und Lebensform behaupteten, gilt es heute zu durchschauen, um von der immer noch weit verbreiteten Ansicht loszukommen, Männer und Frauen brächten von Natur aus nicht nur anatomisch verschiedene Geschlechtsorgane mit, sondern auch ebenso verschiedene, ihnen angeborene Rationalitätsmuster. "Verstand" und "Vernunft" als "Erkenntnisvermögen" sind nicht ontologisch aufzufassen als Resultate einer prädeterminierenden, die Männer aus unerforschlichen Gründen begünstigenden Natur, sondern als Konstrukte, die anzeigen, wie "man" die "Wirklichkeit" sehen *will*. Und Männer wollen sich als rationale Wesen sehen, als Experten für das Allgemeine, die jedoch gegenüber der Empirie blind sind.

> Tatsächlich ist der Mensch ein gesellschaftliches, geschichtliches oder sprachliches Artefakt und kein noumenales oder transzendentales Wesen. [...] Der Mensch ist für immer im Gewebe der fiktiven Bedeutung gefangen, in der Kette der Bezeichnungen [...].[15]

Ziel feministischer Ethik:

- Kritik der verallgemeinerten androzentrischen Perspektive

- Entwurf eines weiblichen Verständnisses von Autonomie

Verdankt sich das herkömmliche Menschenbild und das darin festgeschriebene Rollenverständnis von Männlich und Weiblich einer einseitig patriarchalen und androzentrischen Perspektive, so geht es für Frauen heute darum, ihr Sein als Mensch theoretisch und praktisch selbst zu bestimmen und zu gestalten, ohne nun eine spezifisch weibliche Perspektive - z.B. eine vaginale oder intrauterine - als allgemein-*menschliche* zu ontologisieren. Damit würde nur der alte Fehler - unter anderem Vorzeichen - wiederholt. Vielmehr gilt es, das geistige Vermögen von seiner angeblich natürlichen Verwurzeltheit im biologischen Geschlecht abzutrennen und es als das zu begreifen, was es ist: Ausdruck einer "autonomen" Lebensform, die sich in interaktiven Zusammenhängen herauskristallisiert hat und zugleich die Machtverhältnisse widerspiegelt, die daran ablesbar sind, wem bzw. welchen Gruppen "Geist" (Verstand, Vernunft, Rationalität, Logik etc.) zugeschrieben bzw. abgesprochen wurde. Catharine MacKinnon faßt die durch die männliche Ideologie umrissene Lebensform bündig zusammen:

> Die Physiologie der Männer definiert die meisten Sportarten, ihre Bedürfnisse definieren Kraftfahrzeug- und Krankenversicherungen, ihre gesellschaftlich entworfenen Biographien definieren Arbeitsplatzerwartungen und

---

15 *Flax, Jane*: *Thinking Fragments*. Psychoanalysis, Feminism and Postmodernism in the Contemporary West, Berkeley 1990, 32

> erfolgreiche Karrieremuster, ihre Perspektiven und Anliegen definieren wissenschaftliche Qualität, ihre Erfahrungen und Obsessionen definieren Leistung, ihre Objektivierungen des Lebens definieren die Kunst, ihr Militärdienst definiert Staatsbürgerschaft, ihre Gegenwart definiert die Familie, ihre Unfähigkeit miteinander umzugehen - ihre Kriege und Regierungsformen - definiert die Geschichte, ihr Bild definiert Gott, und ihre Genitalien definieren Sex.[16]

Fazit: die Moral als Herrschaftsinstrument.

Mit welcher Unbefangenheit „man" die normative Kraft des Faktischen unterstellte, kann eine klassische Textstelle von Spinoza belegen:

> Man wird vielleicht fragen, ob die Frauen von Natur oder nur durch Gesetzesbestimmungen unter der Gewalt der Männer stehen. In letzterem Falle gäbe es keinen Grund, der uns nötigen könnte, die Frauen von der Regierung auszuschließen. Fragen wir aber die Erfahrung selbst um Rat, so werden wir sehen, daß der Grund in ihrer Schwäche liegt. Denn nirgends finden wir, daß Männer und Frauen zugleich regierten, sondern wo es auf der Erde Männer und Frauen gibt, da sehen wir, daß die Männer regieren und die Frauen regiert werden und daß bei diesem Verhältnis die beiden Geschlechter einträchtig zusammen leben. Die Amazonen dagegen, die einer sagenhaften Überlieferung zufolge einst geherrscht haben, duldeten keine Männer in ihrem Lande, sondern zogen bloß die Mädchen groß und töteten die Knaben nach der Geburt. Wenn nun von Natur die Frauen den Männern ebenbürtig wären und wenn sie an Seelenstärke und an Geist, als in welchem hauptsächlich die Macht und demnach auch das Recht des Menschen besteht, ihnen gleichwertig wären, so müßte es doch unter so vielen und so verschiedenen Völkern wenigstens einige geben, bei denen die beiden Geschlechter gleichberechtigt nebeneinander regieren, und andere, wo die Männer von den Frauen regiert und so erzogen würden, daß sie geistig hinter ihnen zurückstünden. Da das aber nirgends der Fall

---

16 *MacKinnon, Catharine A.: Feminism Unmodified.* Discourses of Life and Law, Cambridge/Mass. 1987, 36

Spinoza: Männer und Frauen sind einander nicht ebenbürtig.

ist, darf man getrost behaupten, daß die Frauen von Natur nicht gleiches Recht haben wie die Männer, sondern notwendig hinter ihnen zurückstehen und daß deshalb unmöglich beide Geschlechter gleichberechtigt nebeneinander regieren können, geschweige gar, daß Männer von Frauen regiert würden.[17]

Abgesehen davon, daß Spinoza die Frage, ob es Matriarchate gegeben hat, nicht einmal stellt, ist es doch erstaunlich, daß er das von ihm selbst erwähnte Erziehungsproblem nicht weiter verfolgt, denn dann wäre ihm vielleicht bewußt geworden, daß Ebenbürtigkeit und Gleichberechtigung im ethisch-politischen Bereich nichts mit schierer Körperkraft zu tun hat, sondern mit der Anerkennung des/der anderen als gleich*wertig*. Solange jedoch die Bildungschancen ungleich verteilt sind und der weibliche Anteil der Bevölkerung von Geburt an zur geistigen Schwäche erzogen wird, kann es nicht verwundern, daß in der Geschichte vergeblich nach politisch aktiven Frauen Ausschau gehalten wird. Der Rückschluß auf „die Natur“ als Erklärung für dieses Desiderat mutet aus heutiger Sicht allerdings zynisch an.

Wenn man also die Gender-Perspektive einnimmt, wird moralisches Verhalten nicht als Ausdruck natürlicher Determination begriffen, sondern als soziale Standardisierung gesellschaftlich erwünschter Formen von Praxis. Was als gesellschaftlich erwünscht gilt, hängt von denjenigen ab, die ihren Willen öffentlich zu äußern und durchzusetzen vermögen. In patriarchalen

---

17 *Spinoza, Baruch de: Abhandlung vom Staate. - Abhandlung über die Verbesserung des Verstandes*, Hamburg 1977, 180f.

Gesellschaften sind dies Männer, die ihre sich auf körperliche und geistige Überlegenheit stützende Macht stabilisieren, indem sie die Gesellschaft durch moralische und rechtliche Regelsysteme so strukturieren, daß ihre Interessen gewahrt bleiben. Alle Rechte und Pflichten, die sie sich zuschreiben, verweigern sie denen, die keine oder geringere Macht besitzen. Diese - letztlich egoistische, im Kern androzentrische - Grundhaltung, die im Rahmen des Machtkontingents verfügbaren Privilegien für sich selbst in Anspruch zu nehmen und gleichzeitig Unterwürfigkeit von denen zu erzwingen, die als ohnmächtig deklariert werden (Frauen, Kinder, Sklaven), hat auf theoretischer Ebene zur Ausbildung einer binären Logik und im praktischen Bereich zur Annahme von zwei unterschiedlich bewerteten Moralen geführt.

4 Androzentrische Metaphysik

Kritik der metaphysischen Einheitskonzepte, die Differentes ausschließen.

Unter theoretischem Aspekt sind es vor allem die Begriffe Identität (Einheit), Autonomie und Subjekt, die aus der Genderperspektive einer Kritik unterzogen werden. Diese Kritik zielt letztlich auf das zugrundeliegende Konstrukt einer binären Logik, die Differentes nur unter der Form einander ausschließender Gegensätze zu denken vermag und damit eine Vorstellung von Einheit zum logischen Ideal erhebt, die ihr Einssein sich selbst verdankt, d.h. den Durchsetzungs- und Unterdrückungsstrategien, mittels welcher das Differente ausgegrenzt, bedeutungslos oder inexistent gemacht wird. Identität wird - unter Verkennung, Verdrängung, Verleugnung der intersubjektiven Ursprünge alles Menschlichen - nur denen zuerkannt, die imstande sind, sich selbst in völliger Unbezüglichkeit und Unabhängigkeit ihr eigenes Gesetz zu geben (autos nomos) bzw. sich als diesem selbstgegebenen Gesetz Unterstelltes (subiectum) zu begreifen. Alles übrige wird demgegenüber als fremdbestimmt (heteros nomos) und gegenüberstehend (obiectum) deklariert. Fremdbestimmte Objekte können nur dadurch eine Bedeutung erlangen, daß sie sich der Verfügungsgewalt autonomer Subjekte unterwerfen und als deren Besitz zwar keinen Eigenwert erlangen, wohl aber nach Maßgabe ihrer Nützlichkeit für jene aufgewertet werden.

Autonomie: Subjekt

Heteronomie: Objekt

4.1 Binäre Logik

Horizontale versus vertikale Logik

Die binäre Logik denkt Differentes als einen kontradiktorischen Gegensatz, der nicht auszuhalten, sondern aufzuheben ist. Im Unterschied zur dialektischen Logik, die die Gleichwertigkeit zweier Pole betont, indem sie deren Gegensätzlichkeit unter der (horizontalen) Form eines Wechselverhältnisses faßt, bedient sich die binäre Logik der (vertikalen) Form einer Über- und Unterordnung der als strikte Antithese aufgefaßten Gegensätze, sei es daß sie einen der beiden Pole als den höherrangigen auszeichnet und diesem den anderen unterstellt, sei es daß sie beide Pole unter ein als höherrangig behauptetes Allgemeines subsumiert, dieses Allgemeine aber durch Abstraktion des Wesentlichen nur des einen Pols gewinnt und diesen daher in unzulässiger Weise universalisiert. Der erste Fall ist in der traditionellen Unterordnung des Begriffs Frau unter den Begriff Mann gegeben, der zweite in der Subsumtion der Begriffe Mann und Frau unter den Gattungsbegriff Mensch, der jedoch eine verkappte Selbstprojektion des Männlichen ist.

4.2 Die Definition von "Mensch"

„Mensch“ = „Mann“

Die so unverfänglich klingende Frage "Was ist der Mensch" wurde in der feministischen Philosophie der letzten zehn Jahre zum Gegenstand heftiger Auseinandersetzungen. Angegriffen wurde das unreflektierte Vorverständnis von Menschsein, das den *Begriff* des Menschen bereits von vornherein prädeterminiert. Im angelsächsischen und im italienischen Sprachraum deutet sich die Stoßkraft der Kritik schon im Zusammenhang mit der Erwähnung an, daß das Wort für 'Mensch' dasselbe ist wie für 'Mann', und es ist keineswegs Zufall, daß die Wörter 'Mensch' und 'Menschheit' auch im Deutschen etymologisch auf die Wurzel 'mann' zurückgehen.

Aber das eigentlich Anstößige am Begriff 'Mensch' liegt aus feministischer Sicht darin, wie die Definition des Gattungsbegriffs 'Mensch' gebildet wurde.

Generell gelangt man zu Gattungsbegriffen, indem man einander ähnliche Dinge hinsichtlich der ihnen gemeinsamen Merkmale vergleicht - bei gleichzeitiger Abstraktion von ihren individuellen Besonderheiten. So bildet man etwa den Begriff 'Obst', indem man von alledem abstrahiert, was die spezifische Eigenart von Äpfeln, Birnen, Kirschen usf. ausmacht (z.B. Form, Farbe, Geruch, Geschmack). Eine einzelne Kirsche ist dann nicht mehr und nicht weniger Obst als eine Birne, und auf alles, was unter den Begriff 'Obst' fällt, trifft auch die Definition von 'Obst', nämlich: 'eßbare Früchte', unterschiedslos in gleicher Weise zu.

Der Begriff des Menschen: eine männliche Selbstprojektion.

Gilt aber das Gleiche auch für den Gattungsbegriff 'Mensch'? Der Begriff 'Mensch' wurde herkömmlich gebildet durch Abstraktion von allen Merkmalen, die nicht sämtlichen Individuen zukommen, z.B. also Haut-, Haar- und Augenfarbe sowie Rasse und Geschlecht. Aber, so die feministische Kritik, man hat bei der Begriffsbildung nur vorgeblich alle individuellen Besonderheiten eingeklammert und das für alle Einzelpersonen Gemeinsame in den Begriff des Menschen transportiert. In Wirklichkeit ist es das exklusiv männliche Selbstverständnis, das verallgemeinert und allen der Gattung Mensch zugehörenden Individuen als ihnen zukommendes Wesen übergestülpt wurde.

Läßt sich diese Behauptung beweisen? Die Schwierigkeit für einen Beweis liegt darin, daß wir uns so sehr an die eingeschliffenen Denkformen gewöhnt haben, daß der darin implizierte

Androzentrismus nicht ohne weiteres in die Augen springt. Männlichen Denkern fällt er naturgemäß nicht auf, und Denkerinnen können ihn ihrerseits nur von den Folgen her, die diese dominierenden Denkstrukturen für ihr Selbstverständnis haben, rekonstruieren. Trotzdem gibt es plausible Gründe für die Stützung des Vorwurfs einer androzentristischen Anthropologie und Logik.

Eine der gängigsten philosophischen Definitionen des Begriffs Mensch lautet bekanntlich: Der Mensch ist ein vernünftiges Lebewesen (*animal rationale*). Nun erinnern wir uns daran, daß die Definition des Begriffs 'Obst' als 'eßbare Früchte' für jede einzelne Birne, Kirsche etc. ohne jeden Abstrich in gleicher Weise gilt. Eine Birne ist nicht mehr oder weniger eine eßbare Frucht als eine Kirsche, d.h. durch die Definition des Gattungsbegriffs wird keiner der darunter subsumierten Artbegriffe diskriminiert. Genau dieser Sachverhalt trifft jedoch beim Begriff 'Mensch' nicht zu: Den Mitgliedern der einen Hälfte der Menschheit wurde seit mehr als zweieinhalb Jahrtausenden das Menschsein ausdrücklich abgesprochen, denn die Frau wurde auf der Folie männlicher Rationalität als *animal irrationale* bestimmt. Die Belege dafür sind Legion. Um nur einige Beispiele anzuführen:

Frauen sind keine Menschen; ihnen fehlt das Merkmal des Mensch(Männ)-lichen: die Rationalität.

Die Frau "ist von schwachem Verstande und leicht dazu geneigt, der Leidenschaft und dem Zorn zu gehorchen." (Avicenna) "Die Frau liebt im allgemeinen die Künste nicht, versteht sich auf keine einzige, und an Genie fehlt es ihr ganz und gar." (Rousseau) "Unverstand schadet bei Weibern nicht: eher noch könnte überwiegende Geisteskraft, oder gar Genie, als eine Abnormität, ungünstig wirken." (Schopenhauer) "Der Inhalt der großen Wissenschaft des Frauenzimmers ist [...] der Mensch und unter den Menschen der Mann. Ihre Weltweisheit ist nicht Vernünfteln, sondern Empfinden." (Kant) Von diesen Aussagen großer Philosophen bis zu den Urteilen von Psychologen, die den Frauen noch im 20. Jahrhundert "physiologischen Schwachsinn" (J. P. Moebius) sowie "intellektuelle Leerheit und Nullheit" (Otto Weininger) attestierten, ist es kein weiter Weg.

Diese Beispiele zeigen, daß Mann den Frauen das abspricht, was den Menschen laut Definition zum Menschen macht, die Rationalität und damit die Verstandesfähigkeit insgesamt. Das ist ein Indiz dafür, daß im Begriff 'Mensch' einseitig das männliche Selbstverständnis verallgemeinert und als verbindliche Norm für jedes menschliche Individuum ausgegeben wurde.

Adriana Cavarero hat in diesem Zusammenhang die philosophische Sprache einer radikalen Kritik unterzogen. Sie versucht den Nachweis zu führen, daß selbst universale philosophische Ausdrücke wie "Ich" und "Mensch" keineswegs geschlechterübergreifend neutral sind, sondern einem verkappten männlichen Diskurs entstammen, der stillschweigend unterstellt, daß auf der philosophischen Metaebene keine geschlechtsspezifische Besonderheit in die Rede mit einfließt, so daß in der Reflexion männliches und weibliches Denken unterschiedslos zusammenfallen. Dagegen wendet Cavarero ein, daß z.B. der Begriff "Mensch" das Resultat der Universalisierung eines männlichen Selbstverständnisses sei und damit das Wesen des Menschen nichts anderes als das universalisierte Wesen des Mann-Seins beinhalte.

Für das weibliche Selbstverständnis habe dies zur Folge, daß Frauen sich in ihrer Besonderheit nicht aus dem vorgeblichen Neutrum "Mensch" zurückgewinnen können, weil sie ebensowenig wie das Problem des Ursprungs der Geschlechterdifferenz schon vor dem Beginn des Abstraktionsvorganges im männlichen Blick waren. "Im logischen Prozeß der Universalisierung des Männlich-Begrenzten ist das Weiblich-Begrenzte in der Tat abwesend, und erst zuletzt wird es außerhalb dieses Prozesses vorgefunden und ihm einverleibt."[18] Im philosophischen Diskurs verabsolutiere der Denker das männliche Geschlecht im Begriff eines universalen Menschen, der sich zufällig und nachträglich auch noch in geschlechtlichen Individuen veräußere. Während der Mann im universalen Menschen/Ich/Subjekt problemlos seine konkrete Identität wiederzugewinnen vermag, gelingt dies der Frau nicht, weil der Weg zum Logos seinen Ausgangspunkt bei einer die Geschlechterdifferenz ignorierenden, sich selbst als repräsentativ setzenden Rationalitätsauffassung genommen hat.

Adriana Cavarero: Kritik des androzentrischen Begriffs „Mensch“

Die Frau erfährt sich daher nach Cavarero nicht als sich selbst denkend, sondern als vom Mann gedacht. Ihr steht kein eigener Diskurs zur Verfügung, keine eigene Logik, um sich selbst auszusprechen in dem, was sie für sich selbst ist. Sie ist zum Schweigen verurteilt oder kann allenfalls die Fremdheit der Sprache, die nicht die ihre ist, aussagen, ihre Erfahrung des Abgetrenntseins vom Denken, des Ausgegrenztseins aus der Sprache.

Das Fehlen eines weiblichen Diskurses grenzt Frauen aus.

Nachdem sie erkannt hat, daß sie das im männlichen Diskurs nicht mitgemeinte, das ausgeschlossene, ja geradezu "ausgelöschte" Andere ist, muß die Frau sich in ihrer Andersheit bejahen, um das Trennende und Verbindende im Verhältnis zum Mann einerseits, zu Frauen andererseits zureichend reflektieren zu können.

Die Ähnlichkeit der Geschlechter gründet in ihrer Gottebenbildlichkeit.

Cavarero tut dies mit Hilfe des Begriffs der Ähnlichkeit, den sie in einem Exkurs über Texte der Genesis des Alten Testaments erläutert. Sie vertritt die These, daß die Ähnlichkeit von Mann und Frau mit Gott darin begründet ist, daß die Gottebenbildlichkeit für beide Geschlechter die gleiche ist. Zugleich wendet sie sich gegen das Mißverständnis, daß ausschließlich Adam in einem direkten Ähnlichkeitsverhältnis zu Gott steht, Eva hingegen nur indirekt, sofern sie aufgrund ihrer Abgeleitetheit aus Adam direkt nur diesem ähnlich sei, mithin bei ihr von Gottebenbildlichkeit nur über den Mann die Rede sein kann. Cavarero versteht Jesus Christus als übergeschlechtlichen Gott, in dem auch die Frau sich über das Leiden wiedererkennen kann. Generell resümiert sie: "Das Ähnlich-Sein ist somit strukturell das Medium, das das Gleiche und das Verschiedene zusammenhält und jedem von ihnen eine Bedeutung gibt, die als solche nur in diesem Verhältnis existiert."[19] Für Cavarero ist die Dualität das Ursprünglichere gegenüber der Logik des Einen, Selben, Identischen. Diese Dualität ist zugleich das

---

18 *Cavarero, A.*: Ansätze zu einer Theorie der Geschlechterdifferenz. In: *Diotima*: *Der Mensch ist zwei.* Das Denken der Geschlechterdifferenz, Wien 1989, 67

19 Ebenda, 98

beide Geschlechter Verbindende, sie einander ähnlich Machende in ihrer Unähnlichkeit.

Der Logozentrismus der abendländischen Metaphysik ist frauenfeindlich.

Auch wenn es fraglich ist, ob der alltagssprachliche Diskurs, in den ja das Sprechen von Frauen - wie selbstbezogen und -reflektiert auch immer - hineinverwoben war, überhaupt keinen Eingang in den philosophischen Diskurs der Denker gefunden hat, hat Adriana Cavarero zweifellos darin recht, daß sich die Philosophie von einem ursprünglichen Denken in Ähnlichkeiten, wie es bei den Vorsokratikern und auch bei Platon noch in einer Vielzahl von Gleichnissen anzutreffen ist, immer weiter fort zu einem Denken des sich unveränderlich durchhaltenden Wesens der Dinge entwickelte. Der Logozentrismus der antiken Philosophie ging einher mit einem Essentialismus, der sowohl auf theoretischem wie auf praktischem Gebiet als erkenntnis- und handlungsrelevant nur das geschichtslose Konstrukt einer "Idee" gelten ließ, an der gemessen alles Empirische nachrangig, wenn nicht gar verzichtbar war. Dieser Essentialismus hat die philosophischen Systeme bis in die Gegenwart hinein geprägt. Kritik erfuhr er von materialistisch und existenzphilosophisch ausgerichteten Theorien, die dem Wesen der Sache die Qualitäten der empirisch gegebenen Einzeldinge und die real bestehenden zwischenmenschlichen Verhältnisse entgegensetzten.

4.3 Phallische Rationalität

Das Ideal männlicher Rationalität: differenzlose Einheit

In der herkömmlichen Logik und Metaphysik herrscht eine typisch männliche Vorstellung von Rationalität vor, die das phallische Modell einer vertikalen Subsumtionslogik favorisiert, gemäß welcher alles

Nicht-Eine, Differente, Andere einem rigiden Einheitsprinzip unterstellt, untergeordnet, unterworfen wird. Die männliche Rationalität setzt auf binäre Ordnungssysteme und begreift entsprechend die Gegenüberstellung von Begriffen wie Mann–Frau, kognitiv–emotional, stark-schwach, stolz-demütig u.a. als Ausdruck einer radikalen Zweiheit, die hierarchisch gefaßt wird, wobei eine nichthierarchische Beziehung von vornherein ausgeschlossen ist, weil das Ideal in einem differenzlosen Einen gesehen wird, von dem her Zweiheit und Verschiedenheit als etwas Negatives und unbedingt Aufzuhebendes erscheint.

Differenzlose Einheit als ranghöchstes Prinzip wird durchgängig als in sich gegensatzlose einheitsstiftende Kraft gedacht: nach dem Muster einer unerschöpflichen Potenz, die in ewiger Selbstreproduktion ihre eigene Wahrheit erzeugt und alles, was von anderer Art ist, entweder gewaltsam zu integrieren oder - nicht weniger gewaltsam - aus ihrem Horizont auszustoßen trachtet.

Die Zeugungsmetaphorik als Paradigma einer vertikalen Logik.

Dieses Einheitsprinzip duldet kein Anderes außerhalb seiner selbst, es sei denn, dieses unterwirft sich den Bedingungen des Einen und negiert damit seine Andersheit. Die klassischen Philosophen haben in das höchste Prinzip - sei es ein Gott, sei es eine Idee aller Ideen - das hineinprojiziert, was ein Mann an sich selbst am meisten schätzt: seine Zeugungskraft. Entsprechend schwer tun sich Frauen mit der logischen Fundierung wahren Wissens gemäß dem Paradigma einer unaufhörlichen, nie versiegenden Ejakulation, das für einen Mann intuitive Überzeugungskraft besitzt. Der durch die männliche Erkenntniskraft gezeugte Gott wird mit den Allmachtsmerkmalen einer ins Unendliche gesteigerten Potenz ausgestattet, die ihrerseits wiederum in seinen Abkömmlingen die männliche Erkenntniskraft befruchtet. In diesem in sich geschlossenen Kreis inszeniert das männliche Bewußtsein seine Selbstinitiation, die es dann unberechtigterweise als logischen Grundakt allgemein*menschlicher* Erkenntnisgenerierung behauptet.

Das Konzept einer horizontalen Logik.

Nun folgt daraus nicht, daß Einheitsprinzipien verzichtbar sind, doch zielt die feministische und als solche nichtphallische Logik darauf ab, neben das hierarchische *vertikale* Modell einer repressiven Bestimmung von Oben nach Unten das *horizontale* Modell einer Wechselbeziehung oder Vernetzung von gleichrangigen, einander ebenbürtigen Verhältnisgliedern zu stellen, um das einlinige Rationalitätsmodell des auf einem in sich gegensatzlosen Einheitsprinzip aufbauenden androzentristischen Diskurses durch ein Modell zu ergänzen, welches es erlaubt, das Differenzprinzip als unabdingbare Voraussetzung für beziehungsorientiertes Denken und Handeln heranzuziehen, das sich nicht mittels Machtansprüchen durchsetzt, sondern in wechselseitigen Anerkennungsprozessen legitimiert.

Zusammenfassend läßt sich festhalten: Der Mensch, definiert als *animal rationale*, beinhaltet eine typisch männliche Vorstellung von Rationalität, die die soziale Rolle, die Männer traditionell im gesellschaftlichen Kontext übernahmen, widerspiegelt. Es sind Herrschaftsformen, die auch im Bereich der Begriffe, Thesen und Theorien das grundlegende Ordnungsprinzip abgeben. Hierarchische Strukturen sollen die chaotische Mannigfaltigkeit der Dinge einheitlich strukturieren und jedem einzelnen seinen logischen Ort im Gesamtgefüge anweisen. Das Ideal dieser Vorstellung

Die „phallische" Logik begreift sich als Ausdruck von Potenz.

von Rationalität ist die Pyramide, an deren Spitze - wie einst der König - ein letztes und höchstes Prinzip rangiert, das den unüberbietbaren Seinsgrund und Denkgrund alles Seienden abgibt. Dieses männliche Ideal einer alles sich selbst verdankenden Selbstmächtigkeit bildet das Fundament der binären Logik, die nur das Eine und das Nichteine kennt, wobei letzteres keine Eigenwertigkeit besitzt und (logisch, sprachlich, existentiell) zum Verschwinden gebracht wird.

> Die grandiose Phantasie des Phallus liegt darin, daß er sein Anderes nicht brauche, und deswegen gibt es einen tiefliegenden Zusammenhang [...] zwischen bestimmten philosophischen Darstellungen des Autonomie-Ideals und des Mythos der Selbstzeugung, demzufolge der Mensch/Mann sich selbst zeugt und nicht gezeugt wird.[20]

4.4 Der Mythos der göttlichen Selbsterzeugung

Die göttliche Selbsterzeugung als Muster männlicher Identitätsbildung.

Dieser Mythos der Selbstzeugung läßt sich bis in die ältesten Dokumente zurückverfolgen, die die Göttergenealogien schildern. Es ist die Bewegung des Kreisens, die eine keines Anderen bedürftige Form von Selbsthervorbringung veranschaulicht. Der kreisende Gott ist der kreißende, sich selbst gebärende Gott. Das Sichumkreisen des Gottes wurde von der Antike bis in die Gegenwart als eine Metapher für den Akt der göttlichen

20 *Cornell, Drucilla*: Die Zeit des Feminismus neu gedacht. In: *Benhabib, Seyla* (Hrsg.): *Der Streit um Differenz*. Feminismus und Postmoderne in der Gegenwart, Frankfurt 1993, 137

Selbsthervorbringung benutzt. Daran läßt sich zeigen, daß sich die Vorstellung von Rationalität, die wir als scheinbar geschlechtsneutrale bzw. übergeschlechtliche Form logischer Rede unseren alltäglichen wie auch unseren wissenschaftlichen Argumentationen zugrunde legen, einem typisch männlichen Selbstverständnis verdankt, das sein Ideal im Modell einer absoluten Autonomie hat, die keine Bedingung außerhalb ihrer selbst anerkennt und jegliche Andersheit als etwas Fremdbestimmtes und daher unbedingt zu Eliminierendes negiert.

Dieses Ideal einer in sich geschlossenen, sich aus ihren selbst gesetzten Prämissen erzeugenden Rationalität, die das Grundmuster des allein für zulässig erklärten menschlichen, sprich männlichen Blicks auf die Welt abgibt, läßt sich - um es zu wiederholen - eindrücklich und überzeugend an den Gottesvorstellungen der Philosophen studieren, denn in den Gott wurde das hineinprojiziert, was als vorbildliche kognitive und selbstreproduzierende Tätigkeit aufgefaßt wurde.

4.4.1 Antike Göttergenealogien

Uranos und Kronos: Potenz als Selbstmächtigkeit.

Beispielhaft dafür ist die griechische Mythologie, in deren Schilderungen der Götterentstehung sich zwar auch die Götter in der Regel entsprechend unseren biologischen Erkenntnissen mittels eines weiblichen und eines männlichen Teils fortpflanzen, doch bildet den Anfang der Reihe des Göttergeschlechts ein einzelner Gott, der unentstanden ist: Uranos etwa, der Gaia, die Erde, aus welcher er selbst als fertiger Gott hervorgegangen ist, nur als Gefäß benutzte, in welchem er die Titanen zeugte. Bezeichnend ist dabei, daß er seine Kinder haßte, sie gleichsam als das Andere seiner selbst von sich abstieß und im Schoß der Erde zu verbergen trachtete, bis schließlich einer seiner Söhne, Kronos, ihn mit einer Sichel entmannte, als er sich wieder einmal Gaia näherte, um seinen Samen in ihr abzulagern. Das abgetrennte Glied warf Kronos ins Meer, und selbst dort war es noch fruchtbar, denn aus ihm bildete sich Aphrodite, die Schaumgeborene.

Kronos wiederum verschlingt alle seine Kinder, um zu verhindern, daß sich der Fluch seines Vaters, ebenfalls durch einen seiner Söhne entmachtet zu werden, erfüllt. Doch gelingt es Rhea, der Gattin des Kronos, ihren Sohn Zeus auf einer entlegenen Insel zu gebären und Kronos statt des Kindes einen Stein verschlingen zu lassen. Der herangewachsene Zeus überlistet seinen Vater und nötigt ihn, alle seine Söhne wieder auszuspucken. Gemeinsam mit seinen Brüdern überwältigt Zeus die Titanen und avanciert zum obersten Gott.

Uranos, der älteste Gott, ist also dadurch charakterisiert, daß er gleichsam von seiner Potenz nichts abgeben und sich vollständig selbst behalten will. Alles, was er zeugt, soll nicht offenbar werden als etwas Selbständiges, von ihm Verschiedenes. Sein Sohn Kronos tut es ihm darin nach, indem er sich das von ihm Gezeugte gleich wieder einverleibt in der Meinung, daß auf diese Weise seine Macht ungeschmälert bei ihm bleibt. Hier deutet sich bereits jenes Ideal von Autonomie an, das das abendländische Denken bis auf den heutigen Tag maßgeblich beeinflußt hat: die Vorstellung einer Selbstmächtigkeit und Selbstverfügung, die sich keinem anderen verdankt, sondern den Ursprung und das Ziel ihres Selbstseinkönnens in sich selbst hat.

Insofern vollzieht sich die Autonomie im geschlossenen Kreis der Selbsterzeugung.

Zeus: Potenz als Selbstentäußerung

Mit Zeus ändert sich das göttliche Verhalten. Er will sich nicht mehr für sich behalten, sondern veräußert sich und erlaubt seinen Kindern eine eigenständige Existenz. Aber er bedarf zur Zeugung nicht unbedingt einer Angehörigen des weiblichen Geschlechts; er kann sich auch selbst reproduzieren, wie das Beispiel seiner Tochter Athene zeigt, die seinem Kopf entstiegen ist, und zwar in voller Rüstung. Athene ist ein unmittelbar fleischgewordener Gedanke des Zeus, d.h. in Athene, der eisernen Jungfrau, die nichts Mütterliches an sich hat, wird eine Rationalität sinnfällig, die bewaffnet ist und sich mit zwingender Logik wie mit der Gewalt der Waffe durchzusetzen versteht. Hier deutet sich bereits jene rasiermesserscharfe Logik an, die etwa im Sinne von 'Ockham's razor' das Ideal einer ökonomischen Vernunft propagiert, deren Interesse darin besteht, alles für überflüssig ausgegebene Einzelne als das Zuviele wegzuschneiden.

4.4.2 Der aristotelische Gottesbegriff

Die göttliche Kraft als pure Energeia.

Wir machen einen Sprung von den mythischen Göttern Griechenlands zum Gott des Aristoteles - auch jener eine Kopfgeburt, allerdings eine philosophische. Aristoteles hat Gott als eine energetische Ursprungskraft vorgestellt, als ein erstes Bewegendes, das nur bewegt, ohne selbst von etwas anderem bewegt zu werden. Diese rein sich selbst tätigende Tätigkeit des unbewegten Bewegers, von Aristoteles als *noesis noeseos* charakterisiert, als denkende, in sich und um sich selbst kreisende

Theoria im Sinne von Selbstbetrachtung, ist völlig unbezüglich auf den Kosmos und die Lebenswelt der Menschen. Dennoch ist die in sich geschlossene göttliche Kreisbewegung Ursache aller sublunarischen Bewegungen, nicht als *causa efficiens*, sondern als *causa finalis*. Sofern der Gott als unüberbietbares Telos erstrebt, begehrt, nachgeahmt und geliebt wird, erzeugt er die Kreisbewegungen der Gestirne und der Menschen, die des Göttlichen bedürfen, um jener absoluten Sinnfülle teilhaftig zu werden, die sie ihm zuschreiben. Aber der Gott selber bedarf weder der Welt noch des Menschen.

Ihm genügt die immaterielle Fülle seiner selbst, die er ohne Verlust in unaufhörlicher energetischer und intellektueller Selbstumkreisung hervorbringt. Der Gott ist weder Strebender noch Begehrender noch Liebender: Er ist autark, d.h. er genügt sich selbst.[21]

Der unbewegte Beweger: ein unbezüglicher, apersonaler Gott.

Dieser Gott des Aristoteles ist ein apersonales Wesen, ohne jede Bindung außer der Bindung an sich selbst. Wieder begegnen wir einer Vorstellung von Autonomie und Identität, die als reiner geistiger Akt, isoliert von allen materiellen Gegebenheiten, purer Selbstvollzug und Selbstgenuß ist, denn Aristoteles beschreibt die selbstreflexive göttliche Prozessualität als höchste Form von Glückseligkeit. In der Abtrennung des Gottes von allem Irdischen spiegelt sich die Verachtung des Philosophen gegenüber der zerstreuten Mannigfaltigkeit der sinnlich-materiellen Welt, die einem auf radikale Selbstidentität ausgerichteten Denken keine Befriedigung zu verschaffen vermag.

---

21 Vgl. *Aristoteles, Metaphysik,* 12. Buch: Kap. 7

4.4.3 Die sokratische Hebammenkunst

Schon Sokrates hatte den Sinn des Lebens in einer Einübung ins Sterben gesehen, im möglichst weitgehenden Verzicht auf empirische Erkenntnis sowie auf die Erfüllung körperlicher Bedürfnisse, denn nur wem es im hiesigen Leben bereits gelingt, der Sinnlichkeit abzusterben, der wird seine Seele nach dem Tod des Leibes rein von diesem ablösen und sich der Schau der Ideen hingeben können.

Die sokratische Maieutik: Entbindung von Kopfgeburten

Sokrates verstand sich bekanntlich als Maieutiker, als Geburtshelfer, der seinen Schülern bei der Entbindung von ihren Kopfgeburten behilflich ist. Meine Hebammenkunst – so führt Sokrates aus – unterscheidet sich von der gewöhnlich so genannten dadurch, "daß sie Männern Geburtshilfe leistet und nicht Frauen, und daß sie für ihre gebärenden Seelen Sorge trägt und nicht für Leiber".[22] Die Seele als Sitz der Vernunft ist gleichsam die Gebärmutter, aus welcher die Wahrheit ans Licht der Welt gebracht werden soll. Sokrates betont ausdrücklich,daß nicht er der Vater dieses Kindes ist: "Geburtshilfe zu leisten nötigt mich der Gott, zu erzeugen aber hat er mir verwehrt".[23] Die Erzeugung von Wahrheit ist demnach eine intime Angelegenheit zwischen Gott und Mann, dessen Seele den Keim der Wahrheit empfängt und in einer kognitiven Schwangerschaft austrägt. Erst wenn der Gedanke ausgereift ist und aus der Seele heraustreten kann, wird Sokrates aktiv. Er nötigt den seelisch Schwangeren dazu, das von ihm in Gedanken Entwickelte in Worte zu fassen und auszusprechen, und hilft ihm bei diesem Prozeß der

---

22 Vgl. *Platon, Theaitetos*, 150b

23 Ebenda, 150c

Selbstentäußerung. Anschließend wird die auf diese Weise gemeinsam herausgebrachte Erkenntnis kommunikativ eingehend überprüft; eventuelle Gebrechen werden argumentativ korrigiert, Totgeburten begraben, d.h. dem Vergessen anheimgegeben.

Erkenntnis: ein göttliches Erzeugnis in der männlichen Seele.

Ironisch könnte man vermerken, daß es eine Art Geburtsneid ist, die den Philosophen zur Erfindung von geistigen Ausgeburten veranlaßt, um seine Unfähigkeit, leibliche Kinder auszutragen, zu kompensieren. Aber die androzentristische Pointe der Analogie liegt darin, daß der Akt des Zeugens als die ranghöchste Tätigkeit betrachtet wird. Wenn daher die letzte Bedingung wahrer Erkenntnis in einem wahrheitserzeugenden Gott angesiedelt wird, so ist dies ein Indiz dafür, daß es ein männliches Denkmuster ist, nach dem menschliche Erkenntnis begründet wird. Die Vorstellung eines die Seele befruchtenden göttlichen Samenergusses als Metapher für den Ursprung von Wahrheit und Weisheit stellt die Weichen für eine Fundierung aller erkenntnis- und wissengenerierenden Prinzipien in einer Denkstruktur, die Wahrheit nicht anders begreifen kann denn als Ausfluß aus einem höchsten Einen, mit sich Identischen, das nur die ewige Reproduktion seiner selbst ohne jede Abweichung duldet.

Die männliche Seele als abkünftiger Modus des Göttlichen und Empfängerin der Wahrheit muß sich von allem ihr Eigenen reinigen, sprich abstrahieren, um der empfangenen Wahrheit teilhaftig zu werden. Ihre Leistung besteht gerade nicht darin, einen eigenen substantiellen Beitrag zur Generierung von Wahrheit beizubringen. Im Gegenteil: Sie muß sich hinsichtlich ihrer eigenen Interessen und Vorstellungen vollständig zurücknehmen und sich gewissermaßen als leeres Gefäß darbieten, in welchem die Wahrheit sich unbehindert durch empirische Vorstellungen unverfälscht rein als sie selbst niederlassen kann.

Sinnlichkeit: Indiz für die Geistferne der Frauen.

Daß Frauen selbst dann, wenn ihnen ebenfalls eine Seele zugestanden wird - was in der Regel nicht der Fall war: Frauen wurden vielmehr als Repräsentantinnen des Prinzips Sinnlichkeit betrachtet und der geistfernen Materie zugeschlagen -, die die Bedingung der Wahrheit zu empfangen vermag, mit dieser metaphysischen und epistemologischen Fundierung wahren Wissens Schwierigkeiten haben, ist nicht verwunderlich, wenn das, was sie als vorgeblich göttlichen und damit geschlechtsneutralen Ausfluß entgegennehmen sollen, Geist vom Geist des Mannes ist, der das, was er an sich selbst am meisten schätzt, seine Zeugungskraft, in seine Vorstellung eines göttlichen Wesens hineinprojiziert und sich durch die dem Gott auf diese Weise unterstellte unausschöpfliche Potenz in seinem Selbstverständnis bestätigt sieht, während das weibliche Selbstverständnis sich darin nicht wiederzuerkennen vermag, weil für es das Erlangen wahrer Erkenntnis gewiß nicht nach dem Paradigma einer unaufhörlichen, nie versiegenden Ejakulation vorgestellt wird.

Die Seele des Mannes: Gebärmutter der Wahrheit

Zwar ließe sich gegen die These, die metaphysische Wahrheitsbegründung sei androzentristisch, einwenden, daß sie doch insofern geschlechterübergreifend konzipiert ist, als ja auch die männliche Seele als leeres Gefäß sich gleichsam weiblich positioniere, indem sie die Wahrheit von Gott empfängt und als von Gott gezeugte zur Welt bringt, aber wenn darauf geachtet wird, daß bei dieser Empfängnis und Geburt die männliche Seele - wie bereits angedeutet - Geist von ihrem Geiste empfängt und damit sich selbst in ihrer eigenen Wahrheit hervorbringt, schließt sich der androzentristische Kreis: Der durch die männliche Erkenntniskraft gezeugte Gott wird mit den Allmachtsmerkmalen einer ins Unendliche gesteigerten Zeugungskraft ausgestattet, die ihrerseits wiederum die männliche Erkenntniskraft befruchtet. In diesem in sich geschlossenen Kreis inszeniert das männliche Bewußtsein seine Selbstinitiation, die es dann unberechtigterweise als Grundakt allgemein-*menschlicher* Erkenntnisgenerierung behauptet.

Dieses Modell einer universalistisch verkappten geschlechtsspezifischen Begründung der Wahrheitsfähigkeit menschlichen Wissens hat bis ins 20. Jahrhundert hinein Karriere gemacht. Wir werden dies gleich noch an weiteren Beispielen vertiefen. Hier möchte ich nur daran erinnern, welche Konsequenzen dieser Typus von Rationalität für das Empirisch-Materielle hatte. Die Seele muß der Wahrheit würdig sein, um von Gott als ebenbürtiger Partner anerkannt zu werden. Diese Ebenbürtigkeit erreicht sie, wie bereits erwähnt, durch eine Katharsis, indem sie sich jeglichen Umgangs mit den körperlichen Sinnen enthält, da die Sinne aufgrund ihrer Berührung stofflich-materieller Gegenstände unrein sind und die Seele entsprechend durch unreines Wissen verunreinigen.

Abstraktion: Reinigung von der Sinnlichkeit

Die komplizierten Reinigungsrituale, wie sie Platon etwa in den Dialogen *Phaidon*[24] und *Politeia* im Stufengang des Höhlengleichnisses[25] beschreibt, sehen für die theoretische Reflexion Abstraktionspro-

---

24 Vgl. *Platon, Phaidon*, 64a - 69e

25 Vgl. *Platon, Politeia*, 514a - 518b

zesse vor, in deren Verlauf von den Zutaten der Sinne immer mehr abgesehen wird, bis am Ende die makellos reine Seele übrigbleibt, die im Zuge ihrer Selbstreflexivität es nur noch mit völlig unsinnlichen Gegenständen – den Ideen – zu tun hat. Analog muß bei der Reflexion des Praktischen die Berücksichtigung körperlicher Bedürfnisse, Begierden und Triebe so weit eingeschränkt und ignoriert werden, daß nur noch die Ansprüche der Seele zählen, die ihre Erfüllung im Wahren, Guten und Schönen findet. Wenn man bedenkt, daß noch Kant, ohne daß der antike Hintergund dabei als solcher präsent ist, von *reiner* Erkenntnis und einer Kritik der *reinen* Vernunft gesprochen hat, womit er eine empiriefreie Selbstkonstruktion des menschlichen Bewußtseins im Auge hatte, wenn man weiter sieht, daß der frühe Wittgenstein die Kristallreinheit der Logik als ein Ideal pries, dem allenfalls die Mathematik zu entsprechen vermag[26], dann lassen sich die Auswirkungen des alten Paradigmas von der selbstreinigenden Kraft der Seele, die sich auf die Empfängnis der göttlichen Wahrheit vorbereitet, erahnen.

4.4.4 Der emanierende Gott Plotins

Plotin (ca. 205-270), ein neuplatonischer Philosoph, hat Gott als das höchste Eine, das Übergute und Überseiende begriffen, das gleichsam mit sich selbst schwanger geht und schließlich ‚berfließt, weil seine Fülle aus ihm herausdrängt und sich in die Welt

---

26 Vgl. Wittgensteins Selbstkritik in den *Philosophischen Untersuchungen*, Nr. 108

entäußert. Diese Emanation, die als Selbsterzeugung und Geburt Gottes gedacht wird, ist ein Prozeß, in dessen Verlauf zunächst der Geist und dann die Seele entstehen. Indem der aus sich herausgetretene Gott sich auf sich zurückwendet und sich als sein eigener Schöpfer erblickt, schließt sich der Kreis, innerhalb welchem Gott ganz bei sich und ganz er selbst ist.

Plotin schildert, drastisch ausgedrückt, die göttliche Selbstoffenbarung wie einen nie versiegenden Samenerguß. Gott explodiert gleichsam aufgrund seines Überflusses, quillt über und verströmt seine unendliche Fülle in einer überbordenden Fruchtbarkeit.

> Diese vergleichsweise so genannte Zeugung ist ja die ursprüngliche; da Jenes [das Eine] von vollkommener Reife ist, [...] so ist es gleichsam übergeflossen und seine Überfülle hat ein Anderes hervorgebracht. Das so Entstandene aber wendete sich zu Jenem zurück und wurde von ihm befruchtet, und indem es entstand, blickte es auf Jenes hin; und das ist der GEIST.[27]

Aus dem Geist wiederum geht die Seele hervor, die mittels der ihr immanenten *logoi spermatikoi* (der Ideen) die Welt erzeugt, indem sie wie der Gott eine Kreisbewegung vollzieht.

Der in sich kreisende Gott: Modell der Selbstreflexion

Mit Blickrichtung nach innen, auf ihren beharrenden Mittelpunkt, der ihre Identität verbürgt, verwirklicht sie sich als Geist oder Selbstbewußtsein. Blickt sie jedoch nach außen, gewissermaßen von sich selbst weg in Richtung auf die Peripherie des Kreises, so erblickt sie aufgrund ihrer ständigen Bewegung in

---

27 *Plotin*: Über die Entstehung und Ordnung der Dinge nach dem Ersten (Enneade V 2). In: *Plotins Schriften*, Bd. 1, Hamburg 1956, 238-243, hier: 239

jedem Augenblick etwas anderes, d.h. der eine Mittelpunkt zerfällt ihr in eine unendliche Vielheit, deren Einheit sie nur zu begreifen vermag, wenn sie sich wieder auf ihren Ursprung zurückwendet und durch ihren Mittelpunkt hindurch des göttlichen Einen ansichtig wird. Wendet sie sich jedoch von ihrem Zentrum ab, so verliert sie sich an das Viele. Sie wird auf theoretischer Ebene zur bloßen Wahrnehmung, im Bereich des Praktischen zum sinnlichen Streben, das nur noch materielle Erfüllung will.[28]

Auch bei Plotin handelt es sich demnach um einen Gottesbegriff, der einen bestimmten Rationalitätstypus legitimieren soll, nämlich eine Form von Selbstreflexivität, die das Denken des Einen in den Mittelpunkt rückt und Vielheit als das an sich Schlechte, daher Bedeutungslose zu eliminieren trachtet. Obwohl der emanierende Gott eine unendliche Fülle aus sich entläßt, soll diese doch im Akt der Selbstumkreisung wieder eingefangen und in die göttliche Einheit reintegriert werden. Nur auf diese Weise ist das Viele gerechtfertigt. Mir scheint, hier haben alle Systemkonzepte und Weltformeln ihren Ursprung. Spinoza brachte dies später in seinem geometrischen System auf den kurzen Nenner, daß Gott als *causa sui* zu denken sei[29], als eine sich selbst verursachende Substanz, die sich immanent auf vielfältige Weise differenziert und in dieser Geschlossenheit ihrer Immanenz die griechische Zirkelfigur zur Anwendung bringt. Selbst der christliche Gottesbegriff, der ja in der Gestalt des Gottmenschen eine Materialisierung erfahren hat,

---

28 Vgl., a.a.O.

29 *Spinoza*: *Ethik*, Hamburg 1955, 1. Buch, Definition 1

Gott als sich selbst verursachende Ursache.

enthält noch Spuren der Kreismetaphorik, insofern Gottvater einen Sohn erzeugt, der wiederum aus den Niederungen der Welt zum Vater zurückkehrt und die gefallene Menschheit erneut in den Horizont des Göttlichen, wie er einst im Paradies existierte, hereinholt.

4.4.5 Die Seelenempfängnis des Augustinus

Als weiteren Autor möchte ich nach Platon und Plotin Augustinus heranziehen, der in seinen *Confessiones* jene lange Schwangerschaft und "Geburtswehen" beschreibt[30], die nötig waren, um die spirituelle Geburt seiner selbst resp. seine Wiedergeburt unter christlichem Anspruch zu bewerkstelligen. Rückblickend auf seine sündige Jugend beklagt der inzwischen zum Christentum bekehrte und zum Bischof avancierte Augustinus seine damalige Gottferne, die ihn das wahrhaft Gute verfehlen ließ. Aber ihm wurde die göttliche Gnade zuteil, die ihn aus dem Sumpf, in welchem er sich nachträglich wähnt, errettete. "Gott, Licht meines Herzens und Brot meiner Seele, du männliche Kraft, die meinen Geist befruchtet und den Schoß meines Denkens"[31] - mit diesen Worten, die an die Sokratische Zeugungsmetaphorik erinnern, bedankt sich Augustinus bei Gott dafür, daß er ihn seiner Wahrheit teilhaftig werden ließ. Er bereut seine sexuellen Ausschweifungen bitter, weil er sie der göttlichen Umarmung vorgezogen habe. Dabei sei der "Genuß" Gottes der höchste: "du wahre und einzige Lust [...],

---

30 *Augustinus*: *Bekenntnisse*, Stuttgart 1993, 180, 209

31 Ebenda, 47

süßer als alle Wollust, freilich nicht für Fleisch und Blut [...]".[32]

Die Vereinigung mit Gott als asexueller Akt.

Eigentümlicherweise hat Augustinus Schwierigkeiten, sich den christlichen Menschengott als den Erlöser der Menschheit vorzustellen, denn, vom Neuplatonismus beeinflußt, verbindet sich in seiner Anschauung das Stofflich-Materielle mit Gefühlen des Ekels und der Verachtung.

> Daher war ich der Meinung, solch eine Natur habe von der Jungfrau Maria nicht geboren werden können, ohne sich mit Fleisch zu vermischen. Wie sich aber das, was meiner Einbildung da vorschwebte, sollte vermischen können, ohne befleckt zu werden, sah ich nicht. Ich scheute daher davor zurück, an seine Fleischwerdung zu glauben, um mich nicht gezwungen zu sehen, an eine fleischliche Befleckung zu glauben.[33]

Der Makel des Fleisches.

Für Augustinus ist es offenbar nicht nur ein Makel, als Sohn Gottes von einer Frau geboren zu werden, sondern es ist erst recht die Vorstellung, daß Gott in irgendeiner Weise sexuell mit Maria in Berührung gekommen sein muß, um einen Sohn aus Fleisch und Blut zu zeugen, die ihn abstößt. Daß Gott die männliche Seele als Schoß benutzt, um darin seine geistige Potenz Früchte tragen zu lassen, dies ist für ihn eine überwältigende Ansicht, weil sich hierin männlicher Geist mit männlichem Geist berührt und dabei die Ideen des Wahren, Guten und Schönen entstehen. Ein Gott hingegen, der sich auf sinnliche Weise mit einer Frau einläßt, beschmutzt sich und verliert seine Göttlichkeit.

---

32 Ebenda, 58, 189, 223

33 Ebenda, 135

Die jungfräuliche Gottesmutter.

Später belächelt Augustinus seine naiven Annahmen. Zwar ist alles Fleischliche für ihn nach wie vor etwas Minderwertiges, aber er kann sich nun eine für beide an der Produktion des Gottessohnes Beteiligten unbefleckte Empfängnis vorstellen.

> Er, der unser Leben ist, stieg zu uns hier herab, nahm unseren Tod auf sich, beseitigte ihn aus der Überfülle seines Lebens heraus und rief mit donnernder Stimme, wir sollten von hier fort zu ihm zurückkehren, in jenes secretum, von dem er zu uns kam, direkt in den vorzüglichen Schoß der Jungfrau, wo sich mit ihm die menschliche Kreatur, sterbliches Fleisch, vermählt hat, auf daß es nicht immer sterblich bleiben sollte; und von dort trat er wie ein Bräutigam aus seiner Kammer.[34]

Es geschah demnach keinerlei Vermischung zwischen Gott und Maria, vielmehr gelangte Jesus "direkt" in den Leib seiner Mutter, wie immer man dies verstehen mag, und stiftete in der Intimität dieses reinen, jungfräulichen Aufenthaltsortes eine neue Beziehung zwischen dem sündigen, gefallenen, todgeweihten Fleisch und dem unsterblichen göttlichen Geist.

Die Reinigung von sinnlichen Begierden führt zu Gott.

Wer an jenen Ursprungsort zurückkehrt und sich gleichsam mit Christus vermählt, der hat Teil an jener Katharsis, durch welche der Sohn Gottes das Fleisch durch Verklärung und Vergeistigung von seinen sinnlichen Begierden reinigte. Die einzig wahre Katharsis ist die sexuelle Enthaltsamkeit, weil sie sich paradoxerweise als Bedingung einer anderen Fruchtbarkeit erweist, deren Resultat "viele Söhne

---

34 Ebenda, 106

[sind], gezeugt unter Freuden mit dir, Herr, ihrem Gatten".[35]

Solange Augustinus den Weg zu seinem leibgeistigen Ursprung noch nicht gefunden hatte, gab es eine Person, die stellvertretend für ihn an seiner Katharsis arbeitete: seine fromme Mutter Monnica, von der wir ständig zu hören bekommen, daß sie ununterbrochen um ihren Sohn weint.

> Du hast [...] mich in deiner Barmherzigkeit vor den Fluten des Meeres *[in denen Augustinus während der Überfahrt von Karthago nach Rom zu ertrinken drohte]* errettet, mich, der ich voll widerlichen Schmutzes war, um mich in den reinen Genuß deiner Gnade zu bringen, durch die ich gereinigt würde, und die Tränenströme meiner Mutter versiegten, mit denen sie täglich um meinetwillen vor dir den Boden [...] tränkte.[36]

Augustinus bescheinigt seiner Mutter, sie sei "weiblich im Benehmen, aber männlich im Glauben"[37] gewesen. Nur deshalb konnte sie ihm als Vorbild der Selbstunterwerfung unter Gott dienen, und seiner Bekehrung gehen dann ebenfalls Ströme von Tränen voraus, durch die er seine "Gefäße" reinigt und, der Ehre Gottes "angepaßt [...], als nützliche Werkzeuge ihres Herrn für gute Werke aller Art"[38] bereitstellt.

Der wahre Mensch ist der Mann, der in sich seinen Gott reproduziert.

Die Bilder der Befruchtung der Seele durch den in einem immerwährenden Samenerguß sich verausgabenden und doch seiner Potenz nie verlustig gehenden Gott, des Sich-selbst-Gebärens und der

---

35 Ebenda, 219

36 Ebenda, 129

37 Ebenda, 228

38 Ebenda, 220, 204

Katharsis, die wir bei Platon als Metaphern für die Wahrheitsfähigkeit menschlichen Wissens kennengelernt haben, kehren also rund 750 Jahre später bei Augustinus in christlicher Version wieder, erweitert um die Vorstellung eines gemeinsamen Ursprungsortes von Sinnlichkeit und Geist in einer Matrix, die Gott durch seinen Sohn von ihrer Weiblichkeit befreit und damit in den Stand der Unschuld versetzt hat, so daß die Gefahr einer Befleckung durch das Geschlechtliche als solches gebannt ist. Auch Augustinus' Ausführungen sind in ihrem Kern androzentristisch, insofern er die Humanität des Seins als Mensch auf eine Art homoerotisches Geistverhältnis zurückführt, das zwar als Gottesverhältnis begriffen wird, in Wirklichkeit jedoch ein Selbstverhältnis ist, dessen beide Relate - die Seele und Gott - letztlich miteinander identisch sind: Das männliche Ich entwirft sich das Andere seiner selbst als ein übersteigertes, ebenfalls männliches Ich, dessen Kraft als eine - allerdings in alle Ewigkeit sich verströmende, transempirische - Potenz gedacht ist, die imstande ist, den Sinn des Weltalls insgesamt zu verbürgen. "Und wir kamen zu unseren Geistseelen und überstiegen auch sie, um die Region nie versagenden Überflusses zu berühren, wo du Israel auf ewig weidest auf der Wiese der Wahrheit."[39]

---

[39] Ebenda, 241

4.4.6 Schellings Metaphysik der göttlichen Selbstinitiation

Zwischen Augustinus und dem deutschen Idealisten Schelling, dessen Metaphysik der Selbstinitiation wir uns jetzt als letztem Beispiel androzentristischer Denkstrukturen zuwenden wollen, liegen fast anderthalb Jahrtausende. Schellings Modell verbindet die bei Platon und Augustinus festgestellte Selbstprojektion des männlichen Selbstverständnisses in einen allmächtigen Gott, aus dem dieses Selbst sich dann in seinem spezifisch männlichen Wesen zurückgewinnt, mit Plotins Emanationskonzept des sich selbst gebärenden Gottes. In seiner Abhandlung *Über das Wesen der menschlichen Freiheit und die damit zusammenhängenden Gegenstände* aus dem Jahre 1809 will Schelling den spekulativen Nachweis erbringen, daß die menschliche Freiheit ein Abbild der göttlichen Freiheit ist, wobei er unter Freiheit einen lebendigen Vollzug versteht.

> Gott ist nicht ein Gott der Toten, sondern der Lebendigen. Es ist nicht einzusehen, wie das allervollkommenste Wesen auch an der möglich vollkommensten Maschine seine Lust fände. [...] Die Folge der Dinge aus Gott ist eine Selbstoffenbarung Gottes. Gott aber kann nur sich offenbar werden in dem, was ihm ähnlich ist, in freien aus sich selbst handelnden Wesen; für deren Sein es keinen Grund gibt als Gott, die aber sind, so wie Gott ist.[40]

Schellings Konzept eines freien Gottes betrachtet diesen nicht wie die Tradition als ein Wesen, das von Ewigkeit her unveränderlich ist, was es ist, und damit als ein höchstes Sein. Vielmehr entwickelt er die Idee

---

40 *Schelling, F.W.J.: Über das Wesen der menschlichen Freiheit*, Stuttgart 1983, 57

Die Gottwerdung Gottes durch Selbstoffenbarung und Liebe.

eines *werdenden* Gottes, der sich in und aus Freiheit allererst als Gott hervorbringt, indem er sich in der Welt gleichsam redupliziert. In einem grandiosen Aufriß erzählt Schelling die Geschichte der Selbstwerdung Gottes, die sich über verschiedene Stufen der Bewußtwerdung seiner selbst vollzieht. Da Schelling Gott nicht als fertige, statisch wesende Substanz vorstellt, sondern als Prozeß, muß er in Gott eine Zweiheit von einander entgegengesetzten Prinzipien annehmen, weil durch nur *ein* Prinzip ein Sein, aber kein Werden begründbar ist. Der werdende Gott ist das Resultat zweier widerstreitender Kräfte in ihm. Die eine, das Prinzip des Grundes, ist eine kontrahierende Kraft. Die Natur in Gott strebt danach, sich zu behalten und in sich zu verschließen. Das Prinzip der Existenz hingegen ist eine expandierende Kraft, die darauf drängt, sich in Liebe zu öffnen, die göttliche Natur aus sich herauszusetzen und zu offenbaren.

Gott muß also in sich die Egoität seines naturalen Strebens überwinden, um als Gott offenbar zu werden. Würde er sein Wesen in sich verschließen, wäre er nicht Gott. Schelling bemerkt ausdrücklich, daß das Selbstwerden Gottes in einer Art kreisförmigen Wehen erfolgt: "es ist kein Widerspruch, daß das, wodurch das Eine erzeugt wird, selbst wieder von ihm gezeugt werde".[41] Getrieben von der Sehnsucht, "die das ewige Eine empfindet, sich selbst zu gebären"[42], ringt sich Gott dazu durch, "den in ihm gezeugten Gott" von seinem Grund zu entbinden und freizusetzen. Auf diese

41 Ebenda, 71

42 Ebenda, 72

Weise hat er das Gute über das Böse, die Liebe über die selbstische Verschlossenheit den Sieg davon tragen lassen.

Freiheit als Autonomie hat eine indentitätstiftende Funktion für den Mann-Menschen.

Autonomie und Identität, wie ihre Genese in der Geschichte des werdenden Gottes als Grundmuster abendländischer Rationalität exemplarisch vorgeführt wird, erweisen sich damit als autopoietische Tätigkeiten, die sich dadurch auszeichnen, daß sie die entgegengesetzten Strebekräfte so aufeinander beziehen, daß sie sich gegenseitig im Gleichgewicht halten. Der kontrahierende Partikularwille und der expandierende Universalwille müssen so in ein Verhältnis zueinander gebracht werden, daß sie eine gegenstrebige Harmonie bilden, die in jedem Moment aktiv neu herzustellen ist. Diese Vorstellung des sich in jedem Augenblick selbst erzeugenden und gebärenden Gottes hat Schelling auf den "Menschen" übertragen, der als Geschöpf Gottes in sich die gleichen Kräfte vorfindet, jedoch anders als Gott von seiner Freiheit einen negativen Gebrauch gemacht hat, indem er das kontrahierende egoistische Prinzip des Grundes dem expandierenden Prinzip der Existenz überordnete und damit das Böse hervorbrachte. Das Böse ist für Schelling nicht wie für Augustinus das Sinnliche als solches, sondern die ausdrückliche Setzung der Sinnlichkeit als ranghöchstes Prinzip, wodurch das Selbstverhältnis pervertiert und der Mensch nicht als Mensch offenbar wird. Denn als Mensch wird er nur offenbar, wenn er sich so zu sich selbst verhält wie Gott, der sein Selbst in der Welt zur Erscheinung bringt.

Gott als das schlechthin potente Wesen, das alle Differenz überwindet.

Schellings Konstruktion ist insofern interessant, als er nicht ein in sich gegensatzloses Sein als oberstes Prinzip und höchsten Geltungsgrund annimmt, sondern Identität und Autonomie aus einer Verhältniseinheit hervorgehen läßt, die ein Vermittlungsgeschehen und damit eine immanente Zweiheit voraussetzt. "Denn jedes Wesen kann nur in seinem Gegenteil offenbar werden, Liebe nur in Haß, Einheit in Streit."[43] Schelling wertet somit das Differente nicht von vornherein ab, vielmehr ist es eine unverzichtbare Bedingung für das Hervortreten von Einheit. Doch folgt er insofern wieder dem androzentristischen Muster seiner Vorgänger, als er den sich selbst erzeugenden Gott nach Maßgabe des männlichen Selbstverständnisses entwirft, das Macht, Kraft, Selbstbeherrschung nicht anders als geschlechtlich, d.h. nach Analogie der männlichen Zeugungskraft zu denken vermag. Diese auf das göttliche Wesen übertragene und von dorther auf das Wesen *des* Menschen schlechthin rückübertragene Vorstellung einer erkenntnisgenerierenden und handlungsbegründenden Potenz ist das, was Frauen heute irritiert und nach Denkmustern Ausschau halten läßt, die eine geschlechtsneutrale Fundierung des Wissens ermöglichen.

---

43 Ebenda, 89

4.5 Geschlechterübergreifende Logik

Ein Bild hielt uns gefangen, wobei mit "uns" nicht nur philosophierende Frauen, sondern auch Männer gemeint sind, denn wir alle tragen dieses Bild, das unsere Seh- und Denkgewohnheiten bestimmt, in uns, ohne daß wir uns dessen bewußt sind. Wir haben uns selbst gleichsam gefangengesetzt in Denkmustern und -schemata, die wir für rein rationale und damit übergeschlechtliche Operationen einer allgemeinmenschlichen Vernunft halten. Erst allmählich entdecken wir, daß es statt "allgemeinmenschlich" eigentlich "allgemeinmännlich" heißen muß, wodurch die andere Hälfte der Menschheit, wenn auch stillschweigend mitgemeint, vom Ursprung der Wahrheit gerade ausgeschlossen wird.

Ergänzung des Androzentrismus durch einen Gynozentrismus?

Was wir benötigen, ist ein neues Bild, in welchem wir unser Selbstverständnis wiedererkennen. Hier sind nun zwei Wege denkbar. Der eine ist der Weg der *Ergänzung*, auf dem im Rahmen einer feministischen Erkenntnistheorie Konzepte entwickelt werden, denen weibliche Anschauungsmuster zugrundeliegen, was - wie bereits gesagt - nicht bedeutet, daß den androzentrischen Kognitionstypen, die sich an Allmachtsphantasien einer phallischen Potenz orientieren, einfach gynozentrische Begründungsschablonen beigesellt werden, die eine vaginale oder uterine Metaphorik beinhalten und damit die allgemeinmännlichen Stereotype auf der Ebene der Sexualität durch allgemeinweibliche ergänzen. Ich bin sogar ziemlich sicher, daß Bilder eines weiblichen Selbstverständnisses bevorzugt werden, die nicht an den Sexualorganen und ihren Funktionen festgemacht sind, Bilder z. B., die beziehungsorientiert sind und entsprechend auf Verhältnisstrukturen, auf Zusammenhänge und Kontexte referieren, in welchen Individuen nicht als isolierte Einzelne vorkommen, die einsam und unbezüglich ihren Mann stehen, sondern sich als Akteure in einem Netzwerk betätigen, zu dessen Zusammenhalt sie spezifisch das ihre beitragen.

Oder Überwindung der Geschlechter-stereotype?

Der andere Weg wäre der einer *Überwindung* des androzentrischen Begründungsmusters von Denken und Erkennen, und zwar im Hinblick auf eine das männliche und das weibliche Selbstverständnis umgreifende oder integrierende wahrhaft menschliche Vorstellung von Wahrheitsbedingungen. Die Schwierigkeit, die sich ergibt, wenn man diesen Weg vorzieht, besteht darin, daß zuvor zwischen den Geschlechtern geklärt werden muß, welche Konstrukte ihres Selbstverständnisses ihnen auf der antizipierten, beiden gemeinsamen *menschlichen* Ebene als unverzichtbar scheinen und welche nicht. Es kann ja nicht darum gehen, das "Allgemeinmenschliche" einfach als Summe aus der Addition von Männlich und Weiblich aufzufassen, denn das Verbindende ist nicht etwas, das man deskriptiv umschreiben kann, sondern etwas, das es durch gemeinsame Anstrengungen allererst zu finden, ja zu erfinden gilt. Bilder, die in diesem Verständigungsprozeß hilfreich sein könnten, dürfen keine sexuellen Konnotationen enthalten, damit sie nicht aufgrund einer latenten andro- oder gynozentrischen Vorbelastetheit das Unternehmen schon von vornherein gefährden.

Das Ästhetische als Grundlage für ein *menschliches* Selbstverständnis?

Möglicherweise erweist sich das *Ästhetische* als ein für beide Geschlechter geeignetes Feld, auf dem sie am ehesten fündig werden, wenn sie Ausschau halten nach Bildern für Erfahrungen, die ihnen als empfindenden Lebewesen gleichermaßen vertraut sind, Erfahrungen z. B. von Schmerz, Angst, Trauer und Schuld, aber auch Erfahrungen von Freude und Glück. Es sind sinnliche Erfahrungen, die uns dort unmittelbar miteinander verbinden, wo der Verstand uns aufgrund geschlechtsspezifischer Vor-Urteile trennt. Das Ästhetische könnte ein guter Ansatz für eine Klärung und Neubestimmung erkenntnistheoretischer Voraussetzungen sein, weil der doppelte Bezug des Ästhetischen - zum einen auf die Sinnlichkeit und zum anderen auf die Kunst bzw. das Kunstschöne - es erlaubt, das ins Bild zu fassen, was sich dem direkten begrifflichen Zugriff entzieht: das Menschliche, dessen qualitative Eigentümlichkeit durch das Merkmal der Rationalität solange unterbestimmt ist, als es sich um eine von der Sinnlichkeit abgetrennte Rationalität handelt, die ihre verleugnete sinnliche Wurzel durch die phallische Hintertür wenigstens metaphorisch wieder ins Denken hereinholt.

Das Konzept einer emotionalen Vernunft.

Eine sich ihrer sinnlichen Komponente nicht schämende Rationalität könnte sich und ihre Wahrheitsbedingungen im ästhetischen Gewand präsentieren, indem sie sich der Einbildungskraft und ihrer reichhaltigen Metaphorik bedient, um im Allgemeinen das Besondere, in der Einheit das Differente sichtbar werden zu lassen. Komplementär zur binären Logik einer auf Identität fixierten Rationalität müßte eine emotive Logik entwickelt werden, die die Gefühlskomponente menschlichen Existierens als wesentlichen Bestandteil des Denkens und Handelns mit berücksichtigt. Hier wären insbesondere Ergebnisse der Emotionsforschung[44]

44 Vgl. u.a. *Heller, Agnes*: *Theorie der Gefühle*, Hamburg 1981; *de Sousa, Ronald*: *The Rationality of Emotions*,

heranzuziehen, die die enge Verbundenheit von Verstand und Gefühl belegen und die These von der Irrationalität des Emotionalen bestreiten.

4.5.1 Autonomie

Das autonome männliche Subjekt ist bindungs- und beziehungslos.

Seyla Benhabibs Entzauberung des männlichen Autonomiebegriffs führt die Kosten der binären Logik für die zwischenmenschlichen Beziehungen vor Augen. Sie zitiert einen Satz von Hobbes, der Männer (engl.: men - Menschen?) mit Pilzen vergleicht, die plötzlich aus dem Boden schießen, "als seien sie ohne irgendeine Beziehung zueinander gereift"[45]. Dieser beziehungslose, völlig isolierte Narziß, der sogar seine Abhängigkeit von Mutter Erde verdrängt hat, vermag nur sich selbst zu sehen. Er genügt sich selbst und empfindet die Gegenwart der anderen als störend, ja beängstigend. Vertragliche und gesetzliche Regelungen, durch die den an sich grenzenlosen Geltungsansprüchen der autonomen Individuen einvernehmlich Grenzen gezogen werden, sind nicht Ausdruck einer angesichts des anderen herangereiften brüderlichen Moral, sondern Produkt einer nackten

---

Cambridge/Mass. 1987; *Greenspan, Patricia C.*: *Emotions and Reasons*. An Inquiry into Emotional Justification, New York/London 1988, Hamburg 1980; *Ulich, Dieter*: *Das Gefühl*. Über die Psychologie der Emotionen, München 1985; *Scheele, Brigitte*: *Emotionen als bedürfnisrelevante Bewertungszustände*. Grundriß einer epistemologischen Emotionstheorie, Tübingen 1990; *Meier-Seethaler, Carola*: *Gefühl und Urteilskraft*. Ein Plädoyer für die emotionale Vernunft, München 1997

45 *Benhabib, Seyla*: Der verallgemeinerte und der konkrete Andere. Ansätze zu einer feministischen Moraltheorie. In: *List, E./ Studev, H.* (Hrsg.): *Denkverhältnisse*. Feminismus und Kritik, Frankfurt a. M. 1989, 464

Überlebensnotwendigkeit, die eine Gangstermoral evoziert. Der andere wird als Rivale, als Feind angesehen, und die freiwillige Selbsteinschränkung ist der Preis, der aus Gründen des Selbstschutzes entrichtet werden muß, um ein Gleichgewicht herzustellen: der Ursprung der Gerechtigkeit aus dem als Autonomie mißverstandenen Narzißmus. Zwischen der "Rationalität" des nach Gerechtigkeitskriterien geregelten öffentlichen Bereichs und der "Irrationalität" des intimen Privatbereichs wird der moderne Mann hin- und hergerissen. Außerstande, die "Trennung zwischen der öffentlichen Sphäre der Gerechtigkeit, in welcher Geschichte gemacht, und dem ahistorischen Bereich des Haushalts, in dem Leben reproduziert wird"[46], zu überwinden, verfestigt das autonome männliche Individuum den Gegensatz zwischen Vernunft und Neigung, wie Seyla Benhabib am Beispiel moderner universalistischer Moraltheorien verdeutlicht.

Der verallgemeinerte Andere: ein reines Abstraktum.

Es ist der Standpunkt des "verallgemeinerten Anderen", den sie problematisiert, indem sie zeigt, daß er zwar einerseits für die moralische Reflexion notwendig ist, andererseits aber inhumane Konsequenzen hat, wenn er verabsolutiert wird. Auf dem Standpunkt des verallgemeinerten Anderen "abstrahieren wir von der Individualität und konkreten Identität des Anderen"[47], um über das Begriffskonstrukt eines reinen Vernunftwesens zum Konzept einer formalen Gleichheit im Sinne einer definitorischen Identität aller Menschen zu gelangen, die bezüglich der Rechte und Pflichten keine

---

46 Ebenda, 467

47 Ebenda, 468

Unterschiede mehr kennt. Wie Seyla Benhabib am Beispiel des von Rawls unter der Metapher "Schleier des Nichtwissens" vorgeschlagenenen Verfahrens der Ausblendung aller besonderen Bedürfnisse, Interessen, natürlichen Gaben und sozialen Privilegien der Individuen veranschaulicht, "verschwindet der Andere als verschieden vom eigenen Ich".[48]

Der konkrete Andere: das lebendige Gegenüber.

Diesem abstrakt-formalen Standpunkt des verallgemeinerten Anderen stellt Benhabib den "Standpunkt des konkreten Anderen" gegenüber, der berücksichtigt, daß "jedes einzelne rationale Wesen als ein Individuum mit einer konkreten Geschichte, Identität und affektiv-emotionalen Verfassung" aufzufassen ist.[49] Dem konkreten Anderen begegnet man als einem geschichtlichen Wesen, das in mancher Hinsicht anders denkt, fühlt, will und handelt, ohne daß diese Pluralität möglicher Perspektiven ein Grund wäre, es aus der Gemeinschaft vernünftiger Individuen auszuschließen, im Gegenteil: Da man sich allen Unterschieden zum Trotz in den anderen hineinversetzen kann und seinen Standpunkt zu teilen vermag, auch wenn man nicht seiner Meinung ist, gehen die Verschiedenheiten in die zwischenmenschliche Beziehung ein, von der sie getragen und als 'gewachsene' individuelle Besonderheiten, die ihren eigenen Wert haben, anerkannt und ausgehalten werden. "Die moralischen Kategorien, die solche Interaktionen begleiten, sind jene der Verantwortung, der Bindung und des

---

48 Ebenda, 471

49 Ebenda, 468

Teilens. Die korrespondierenden moralischen Gefühle sind Liebe, Fürsorge, Sympathie und Solidarität."[50]

Seyla Benhabib wirft den Vertretern formal-universalistischer Moraltheorien vor, den Standpunkt des konkreten Anderen vernachlässigt und damit im Grunde das *menschliche* Ich aus den Augen verloren zu haben, das stets in einen Lebenskontext eingebunden ist und nicht unter Absehung von allen Bedürfnissen, Ziel- und Wertvorstellungen im Gefolge von Hobbes' Pilzmetapher als ein bloß noumenales autonomes Selbst definiert werden kann. Ihr Konzept einer umfassenden Moralphilosophie sieht daher eine "kommunikative Ethik der Bedürfnisinterpretation" in Verbindung mit einem "beziehungsorientierten Modell moralischer Autonomie" vor, d. h. sie plädiert für einen "interaktiven Universalismus", der "die Würde des verallgemeinerten Anderen durch eine Anerkennung der moralischen Identität des konkreten Anderen gewährleistet"[51] - im Rahmen eines diskursiven Modells praktischer Rationalität, das es erlaubt, auch die faktischen Bedürfnisse unter der Perspektive eines guten Lebens in die moralische Urteilsfindung miteinzubeziehen,[52] ja es geradezu nötig macht, Fürsorge- und Verantwortungsprobleme auch auf der Prinzipienebene des Gerechten mit zu berücksichtigen, so wie umgekehrt der Gerechtigkeitsdiskurs in Fürsorgefragen hineinspielen muß.

---

50 Ebenda, 469

51 Ebenda, 476

52 Benhabib bezieht sich hier insbesondere auf die Diskurstheorie von Jürgen Habermas. Vgl. dazu auch ihr Buch: *Kritik, Norm und Utopie*. Die normativen Grundlagen der Kritischen Theorie, Frankfurt am Main 1992

Plädoyer für eine kontextualistische Moral.

Im Anschluß an und in Weiterführung von Hannah Arendts Fragmenten zu einer Theorie der Urteilskraft beschreibt Seyla Benhabib das Verfahren der moralischen Urteilskraft als ein Prozedere, das unter den "Perspektiven von Natalität, Pluralität und Narrativität von Handlungen"[53] vonstatten geht. Moralisch relevante Situationen und Umstände lassen sich nicht einfach unter eine allgemeine Regel subsumieren derart, daß daraus eine Handlungsvorschrift hervorgeht; vielmehr gilt es, das Allgemeingültige zu "kontextualisieren", indem Absichten, Maximen, Präferenzen und Wertvorstellungen der handelnden Person dialogisch-hermeneutisch, eingebettet in deren narrative Geschichte, aufgeschlüsselt und verstehbar gemacht werden. Im Verstehens- qua Verständigungsprozeß nimmt die Verbindlichkeit des Normativen im Handlungszusammenhang des Individuums eine konkrete Gestalt an, während im gleichen Zug die singuläre Handlung eine moralische Qualität erhält, die den Konsens der Diskursteilnehmer, um den argumentativ geworben wurde, zum Ausdruck bringt. Den kategorischen Imperativ, dem sich eine kontextorientierte moralische Urteilskraft verpflichtet weiß, formuliert Seyla Benhabib mit Hannah Arendt folgendermaßen: "Handle so, daß die Maxime deines Handelns den Standpunkt aller anderen derart einbezieht, daß du für ihre Zustimmung würdest werben können."[54]

Der kategorische Imperativ einer kontextorientierten Ethik.

53 *Benhabib, Seyla*: Urteilskraft und die moralischen Grundlagen der Politik im Werk Hannah Arendts. In: *Zeitschrift für philosophische Forschung* 41 (1987), 547

54 Ebenda, 541

Eine Ethik, die den Standpunkt des konkreten Anderen ins Zentrum rückt und damit jedes Individuum nicht unangesehen, sondern unter ausdrücklichem Einbezug seines Geschlechts, seiner Rasse, seiner Religionszugehörigkeit etc. als gleichwertigen Diskurspartner anerkennt, der nicht nur allgemeine Rechte und Pflichten hat, die mich als Vernunftwesen mit ihm identisch machen, sondern auch besondere Merkmale und Eigenschaften, die mich von ihm auf vielfältige Weise unterscheiden - eine Ethik, die auf die Beziehung setzt und den Individuen in den lebensweltlichen Kontexten nur über Wechselbeziehungen Autonomie zugesteht - eine solche Ethik ist nicht eigentlich feministisch, sondern menschlich in dem Sinn, daß sie den hierarchisierenden Standpunkt der androzentristischen Ethik überwunden hat, ohne ihn durch die Hintertür doch wieder, diesmal durch einen gynozentristischen Typus von spezifisch weiblichen Herrschaftsformen, erneut zu installieren.

Gleichwertigkeit der Individuen anstatt Gleichheit aller.

Drucilla Cornell[55] hat auf das Unrecht aufmerksam gemacht, das entsteht, wenn ein Universelles auf ein Individuelles angewendet wird, das unter diesen Allgemeinbegriff nicht paßt und dadurch diskriminiert wird. Als Beispiel führt sie den Begriff der Gleichheit an, der das als allgemeinmenschlich ausgegebene männliche Selbstverständnis als Norm unterstellt, dem über Ähnlichkeitsstukturen nicht nur die weibliche, sondern auch die homosexuelle Ich-Identität angepaßt

55 *Cornell, Drucilla*: Die Zeit des Feminismus neu gedacht. In: *Benhabib, Seyla*: *Der Streit um Differenz*. Feminismus und Postmoderne in der Gegenwart, Frankfurt/M. 1993, 133-144

werden soll. Cornell favorisiert stattdessen den Begriff der Gleich-wertigkeit, der nicht das implizit Männliche als Maßstab nimmt, mit der Folge der Selbstauslöschung des davon Abweichenden, sondern Differenz anerkennt und damit die Selbsterfahrung von Individuen auf der Basis von selbst gewählten Lebensstilen und Lebensformen, unabhängig von vorgegebenen sozialen Rollenstrukturen als gleichwertig akzeptiert. In Anlehnung an Lacan vertritt Cornell die These, es gebe kein biologisches Geschlecht, vielmehr sei dieses ein kulturelles Konstrukt. Mit Derrida träumt sie von einer neuen Choreographie der sexuellen Differenz, "in der weiblicher Sexualität von der Hierarchie der Gender keine Gewalt angetan wird und in der die Existenz menschlicher Wesen als geschlechtliche Wesen, die sexuell verschieden sind, nicht verleugnet wird."[56] Ihr geht es um die Erschaffung eines weiblichen Symbolischen aus der Imagination eines auf den Gedanken der Natalität gegründeten Denkens, das anders als das phallozentristisch orientierte männliche Denken, welches auf "die unbewußte Gleichsetzung von Penis und reproduzierender Kraft" setzt, an die reproduktive Kraft des weiblichen Geschlechts erinnert und damit den männlichen Mythos von der Selbstzeugung des Mannes in seine Grenzen weist.[57]

4.5.2 Subjekt

Der Subjektbegriff: unverzichtbar?

Der Streit um Differenz, wie er unter amerikanischen Feministinnen ausgetragen wird, dreht sich auf der

56 Ebenda, 91

57 Ebenda, 136f.

theoretischen Diskursebene des weiteren um den Subjektbegriff und damit verbunden um das Problem einer Identität, die nicht abstrakt in einem rein geistigen Medium entwickelt wird, sondern über ein körperliches Selbstverhältnis rekonstruiert werden muß. Seyla Benhabib, die der Habermasschen Diskurstheorie wohlwollend, wenngleich nicht ohne kritische Distanz gegenübersteht, möchte am Subjektbegriff festhalten, weil ohne die Annahme eines situierten, geschlechtlich bestimmten Subjekts von Autonomie und Ich-Identität keine Rede mehr sein kann. Eben diese Begriffe scheinen ihr unverzichtbar für gesellschaftskritische, utopische Projekte des Feminismus, für Visionen einer "autonomen Individualität mit fließenden Ich-Grenzen und ohne Angst vor der Andersheit".[58] Dabei möchte sie zugleich zu einer "Entmystifizierung des männlichen Subjekts der Vernunft" beitragen[59], indem sie, wie bereits erwähnt, für eine Theorie plädiert, in welcher nicht der verallgemeinerte, gleichsam abstrakte, unkörperliche Andere, sondern der konkrete Andere als individuelles körperliches Subjekt und damit als ein Gegenüber respektiert wird, das seine Identität in solidarischer Verbundenheit mit anderen Subjekten herausbildet.

---

58 *Benhabib, Seyla*: *Der Streit um Differenz*, 27

59 Ebenda, 11

Oder ein Machtinstrument zur Entsubjektivierung des Weiblichen?

Judith Butler[60] hingegen, die dem postmodernen Ansatz, insbesondere dem Michel Foucaults, nahesteht, sieht im Subjektbegriff und in dem mit ihm verbundenen Anspruch auf Universalität den Ausdruck eines fundamentalistischen, totalisierenden Denkens, das auf dem Machtprinzip basiert. Für sie ist das Subjekt ein Konstrukt imperialistischer männlicher Machtinteressen, die mittels differenzierender Ausschließungs- und Auswahlverfahren das Ich als ein unterworfenes konstituieren und produzieren.

> Das Subjekt, das Theorien ausbildet, wird als 'theoretisierendes Subjekt' durch eine Reihe von Ausschließungs- und Auswahlverfahren konstituiert. [...] Ist nicht die Macht immer schon vorweg gerade in den Verfahrensweisen wirksam, die festlegen, wer das Subjekt ist, das [...] spricht und zu wem es spricht? Und ist nicht auch klar, daß der Prozeß der Subjektivierung *(subjectivating process)*, der gleichsam vor Ihren Augen ein sprechendes Subjekt der feministischen Debatte hervorbringt, einen Prozeß der Unterwerfung *(subjection)* voraussetzt? [...] Kein Subjekt ist sein eigener Ausgangspunkt. [...] Die Kritik des Subjekts beinhaltet keine Verneinung oder Nichtanerkennung des Subjekts, sondern eher eine Infragestellung seiner Konstruktion als vorgegebene oder normativ als Grundlage dienende *(foundationalist)* Prämisse.[61]

Butler will die Kategorie des Subjekts sprechakttheoretisch ebenso dekonstruieren wie die Konzepte Frau und biologisches Geschlecht, um sichtbar zu machen, daß sie als Instrumente im Dienst

---

60 *Butler, Judith*: Kontingente Grundlagen. Der Feminismus und die Frage der 'Postmoderne'. In: *Benhabib, Seyla* (Hrsg.): *Der Streit um Differenz*, 31-58

61 Ebenda, 38-41

einer Unterdrückungsmacht eingesetzt wurden, die Weiblichkeit theoretisch und praktisch inszeniert, d.h. diskursiv erzeugt und im Kontext einer ponierten Geschlechterhierarchie als rangniedrigere, unterlegene weibliche Ich-Identität mittels der performativen Macht der Sprache gewaltsam durchsetzt. Es gelte, diesen Mechanismus des Machtdiskurs-Netzwerks als Herrschaftsinstrument zu durchschauen, um zu Diskursen zu gelangen, die die "Entsubjektivierung des Weiblichen"[62] verhindern und ein Variieren der Geschlechter-Codes ermöglichen.

> Von Sprache konstituiert zu sein heißt hervorgebracht werden, und zwar innerhalb eines gegebenen Macht- und Diskursgeflechtes. [...] Wenn ein Subjekt ein für allemal konstituiert wäre, dann gäbe es keine Möglichkeit einer Wiederholung dieser konstituierenden Konventionen oder Normen. Daß das Subjekt das ist, was wieder und wieder konstituiert werden muß, beinhaltet, daß es offen für Formationen ist, die nicht von vornherein völlig zwingend sind.[63]

Die diskursive Erzeugung von Körper und Geschlecht.

Judith Butler betrachtet das Subjekt als Ergebnis von Körperinszenierungen. "Körper" ist für sie nichts Vorgegebenes, sondern wird als solcher erst durch die Markierungen der Geschlechtsidentität mittels diskursiver Praktiken ins Leben gerufen. Der Körper ist demzufolge ein kulturelles, politisches Konstrukt, vorgestellt nach Analogie eines leeren weißen Blattes, auf das sich die Bezeichnungen der Geschlechtsidentität einschreiben.[64] Aber diese Vorstellung geht Judith Butler noch nicht weit genug,

---

62 Ebenda, 131

63 Ebenda, 125

64 *Butler, Judith*: *Das Unbehagen der Geschlechter*, Frankfurt a. M. 1991, 192

weil die Analogie mit dem leeren Blatt immer noch unterstellt, daß dem Papier resp. dem Körper auch als unbeschriebenem eine Existenz zukommt. "Was", so fragt sie daher, "markiert den Körper als bloße Faktizität ohne jeden Wert, die der Bezeichnung vorausgeht?"[65] Ihre Antwort läuft darauf hinaus, daß sie den Begriff des Körpers aufhebt und die geschlechtlich bestimmten Körper als "Stile des Fleisches" begreift, als Selbst-Stilisierungen.

> Betrachten wir also die Geschlechtsidentität [...] als einen *leiblichen Stil*, gleichsam als einen 'Akt', der sowohl intentional als auch performativ ist, wobei der Begriff *'performativ'* auf eine inszenierte, kontingente Konstruktion der Bedeutung verweist.[66]

Selbstinszenierungen von Geschlechtsidentitäten.

Die Tatsache, daß die Geschlechtsidentität gerade nicht als Resultat performativer Akte, sondern ganz im Gegenteil als etwas Fixes, Unveränderliches erscheint, was traditionell durch Rekurs auf die Anatomie erklärt wird, führt Butler darauf zurück, daß sich Identität durch die Wiederholung stilisierter Akte konstituiere, wobei die dadurch erzeugte Kontinuität als Sichdurchhalten einer naturalen Eigenschaft mißverstanden werde. Für Butler ist somit "die Grundlage der geschlechtlich bestimmten Identität keine scheinbar bruchlose Identität, sondern die stilisierte Wiederholung von Akten in der Zeit"[67], die die Illusion eines bereits unumstößlich vorgängig bestimmten, naturalisierten Körpersubstrats qua Subjekt hervorruft. Es gibt kein Ich, kein Selbst, das vor der Bezeichnung existiert, keinen Täter hinter der

---

65 Ebenda, 191

66 Ebenda, 205

67 Ebenda, 207

Tat. Erst mit dem Akt der Einschreibung wird auch der Körper generiert und mit ihm das Ich, das Subjekt, der Täter. Wie der Körper performativ inszeniert wird, so existiert er, und zwar unter anderem als geschlechtlicher.

Noch einmal wehrt Butler ein mögliches Mißverständnis ab, wenn sie sagt, die Geschlechtsidentität sei "nicht so auf den Körper geschrieben, wie sich das Folterinstrument in Kafkas Strafkolonie unentzifferbar in das Fleisch des Angeklagten einschreibt".[68] Worauf es ihr ankommt, ist zu zeigen, daß das "sexuell Faktische" eine phantasmatische Konstruktion ist, eine Illusion von Substanz, die es aufzulösen gilt, um den Blick frei zu bekommen für die Strategien, vermittels welcher die sexuelle Differenz und damit verbunden die Geschlechtsidentität als ontologisch-natürliche Gegebenheiten *inszeniert* werden.

Eine dieser Strategien wird von Butler als das „Zitieren einer Norm“ beschrieben. Die performative Kraft moralischer Sollensvorschriften steht in ihrer Wirkungsmächtigkeit dem Zwangcharakter von Naturgesetzen in nichts nach. Das Zitieren von Normen beruht daher nicht auf einem Freiheitscharakter, sondern ist eine Geste der Unterwerfung.

Das Mädchen wird ein weibliches Wesen durch Zitieren von Normen des Weiblichen.

> In dem Maße, wie das Benennen des „Mädchens“ transitiv ist, das heißt den Prozeß initiiert, mit dem ein bestimmtes „Zum-Mädchen-Werden“ erzwungen wird, regiert der Begriff oder vielmehr dessen symbolische Macht die Formierung einer körperlich gesetzten Weiblichkeit, die die Norm niemals ganz erreicht. Dabei handelt es sich

---

68 Ebenda, 214

> jedoch um ein „Mädchen“, das gezwungen wird, die Norm zu „zitieren“, um sich als lebensfähiges Subjekt zu qualifizieren und ein solches zu bleiben. Weiblichkeit ist deshalb nicht das Ergebnis einer Wahl, sondern das zwangsweise Zitieren einer Norm.[69]

Es versteht sich von selbst, daß nicht nur Weiblichkeit, sondern auch Männlichkeit durch den Zwang des Zitierens bestimmter Normen, die auf den weißen, heterosexuellen, autonomen Mann zugeschnitten sind, erzeugt wird. Über der auf diese Weise festgeschriebenen Dualität der Geschlechter wird vergessen, daß ursprünglich einmal der männliche Wille die normengenerierende Instanz war und entsprechend die Geschlechterdifferenz ein Konstrukt dieses Willens ist. Nur so konnte der Eindruck entstehen, daß die Natur in die Anatomie der Körper bestimmte Gesetzmäßigkeiten hineingepflanzt habe, durch welche das weibliche und das männliche Selbstverständnis unausweichlich determiniert ist.

Einer der wenigen, der aus männlicher Sicht den androzentrischen Kern der Moral aufgezeigt hat, ist Michel Foucault:

> In dieser Männermoral, die für Männer gemacht ist, besteht die Erarbeitung seiner selber als Moralsubjekt darin, zu sich selber eine Struktur von Männlichkeit zu errichten: indem man im Verhältnis zu sich Mann ist, wird man die Mannestätigkeit kontrollieren und meistern können, die man in der sexuellen Praxis gegenüber anderen ausübt. Im antagonistischen Zweikampf mit sich selber und im Kampf um die Beherrschung der Begierden ist danach zu streben, daß das Verhältnis zu sich isomorph mit dem Herrschafts-,

69 *Butler, Judith*: *Körper von Gewicht.* Die diskursiven Grenzen des Geschlechts, Berlin 1995, 306

> Hierarchie- und Autoritätsverhältnis wird, das man als Mann, als freier Mann, über seine Untergebenen herzustellen beansprucht. [...]
>
> Es ist eine Männermoral [...], in der die Frauen nur als Objekte oder bestenfalls als Partner vorkommen, die es zu formen, zu erziehen und zu überwachen gilt, wenn man sie in seiner Macht hat, und deren man sich zu enthalten hat, wenn sie in der Macht eines andern (Vater, Gatte, Vormund) sind. [...].
>
> Die Tugend der Frau markierte und garantierte ein Unterwerfungsverhalten; die Strenge des Mannes charakterisierte eine Ethik der sich selbst begrenzenden Herrschaft. [70]

Männermoral: bestimmt durch den Kampf um die Herrschaft.

Erst wenn der Körper entontologisiert und als das Resultat einer gigantischen patriarchalen Inszenierung durchschaut ist, kann nach Wegen für eine weibliche Selbstinszenierung Ausschau gehalten werden. "Ebenso wie die Körperoberflächen *als* das Natürliche inszeniert werden, können sie umgekehrt zum Schauplatz einer unstimmigen, entnaturalisierten Performanz werden, die den performativen Status des Natürlichen selbst enthüllt."[71] Es gibt keine Geschlechtsidentität, ebensowenig wie es mit einem natürlichen Geschlecht versehene Körper gibt. Körper und Identität müssen entworfen, erfunden werden - in einem Diskurs, der gerade erst anfängt.

Die Geschlechterdifferenz existiert nicht biologisch, sondern nur als Resultat männlicher Diskurse.

Auf der theoretischen Ebene geht es in der feministischen Philosophie - allen unterschiedlichen Standpunkten zum Trotz - um eine

---

70 *Foucault. M.*: *Sexualität und Wahrheit*, 3 Bde., Frankfurt a. M. 1977-1986; Bd. 2: *Der Gebrauch der Lüste*, 110, 33, 233

71 Ebenda

Fazit: Eine Entkriminalisierung des Begriffs der Differenz tut not.

Entkriminalisierung des Differenzbegriffs, um das Zulassen von Pluralität und damit insgesamt um ein anderes Verständnis von Identität, das nicht mehr auf dem metaphysischen Konzept einer in sich gegensatzlosen, alles andere rigoros ausschließenden Einheit beruht, sondern eben dieses andere - sei es das andere des Begriffs, das andere des Ich, das andere der Vernunft, des Geschlechts etc. - als gleichwertiges Glied eines Verhältnisses zu reflektieren, dessen dynamische Struktur sich eher narrativ als in einer transzendentalen Genese erfassen läßt.

Identität kann daher nicht anders als *engendered* und *embodied* vorgestellt werden, d.h. nach Maßgabe eines Selbst, das sich über seinen Körper und die darin eingeschriebene gesellschaftliche Rolle definiert. Es sind *Bodies that Matter* - so der Titel eines anderen Buchs von Judith Butler, dessen deutsche Übersetzung "Körper von Gewicht"[72] die Doppeldeutigkeit von *matter* zu signalisieren versucht: was den Körpern Gewicht verleiht, ist die Materie, nicht die in der traditionellen Metaphysik verachtete, als Inbegriff des Bösen aus dem Umfeld des Geistigen verbannte Materie, sondern jene individuelle Ganzheit, die ein menschliches Wesen in sich und durch sich selbst verkörpert.

72 *Butler, Judith*: *Körper von Gewicht*. Die diskursiven Grenzen des Geschlechts, Berlin 1995

5 Zwei Moralen

Die binäre Logik - auf der Ebene des Denkens - als Indiz für einen Typus von Rationalität, der in seiner Wurzel männlich ist, wiederholt sich auf der Ebene des Handelns in der Annahme von zwei geschlechtsspezifischen Moralen, denen zwei ungleichwertige ethische Prinzipien zugrundeliegen: das für höherrangig ausgegebene männliche Prinzip der Gerechtigkeit und das geringer eingeschätzte weibliche Prinzip der Fürsorglichkeit.

5.1 Fürsorglichkeit versus Gerechtigkeit

Ausgelöst wurde die Kontroverse um die zwei Moralen von der amerikanischen Psychologin Carol Gilligan, die das von den führenden Vertretern der Entwicklungspsychologie - Jean Piaget und Lawrence Kohlberg - konzipierte Stufenmodell der moralischen Entwicklung untersuchte und dabei feststellte, daß die als universal gültig ausgegebenen Ergebnisse von Piagets und Kohlbergs Analysen sich auf Erfahrungen von ausschließlich männlichen Testpersonen stützen, deren Auswertung wiederum nur von Männern vorgenommen wurde. Aufgrund ihrer eigenen, auf moralische Konfliktsituationen bezogenen Tests, die Carol Gilligan mit männlichen und weiblichen Probanden durchführte, fand sie heraus, daß Frauen keineswegs in puncto Moral von einem bestimmten Alter an hinter den Männern zurückbleiben, sondern aufgrund ihrer anders definierten sozialen Rolle ein anderes Verständnis von Moral entwickeln, dessen

Logik nicht weniger konsistent ist als die der von Männern favorisierten Moralvorstellung. In ihrem 1982 veröffentlichten Buch *In a Different Voice* plädiert sie für zwei gleichberechtigte unterschiedliche Moralauffassungen: eine männliche Gerechtigkeitsmoral und eine weibliche Fürsorgemoral als einander ergänzende Formen von normativer Handlungsorientierung.

Männliche Gerechtigkeitsmoral versus weibliche Fürsorgemoral.

Carol Gilligan knüpft an die Verschiedenheit der Wahrnehmung mehrdeutiger Figuren (sogenannter Kippfiguren) an, um ihre These von der Perspektivität moralischer Beurteilungen des gleichen Sachverhalts zu erläutern. Betrachtet man z.B. den Hase-Ente-Kopf, so nimmt man beide Köpfe nie zusammen, sondern stets nur nacheinander wahr, und oft entdeckt man die andere Figur erst nach eingehender Betrachtung.

Gewisse Präferenzen und Lebensgewohnheiten begünstigen dabei die eine oder die andere Wahrnehmung. Während ein Kaninchenzüchter auf Anhieb den Hasen sieht, sieht der Geflügelhändler die

Ente. Für den Jäger geben vielleicht seine Schießkünste oder Geschmacksvorzüge den Ausschlag für die eine oder die andere Wahrnehmung. Worauf es Carol Gilligan ankommt, ist die Schlußfolgerung aus der unterschiedlichen visuellen Auffassung von Realität, die nicht impliziere, "daß eine Blickweise besser ist oder eine höhere Form der Wahrnehmungsorganisation darstellt".[73] Wir neigen dazu, "die Realität als unzweideutig wahrzunehmen"[74], sind jedoch nicht berechtigt, die unterschiedlichen Sichtweisen in einer Hierarchie von besserer oder schlechterer Wahrnehmung einander über- und unterzuordnen, geschweige denn eine bestimmte Sichtweise zu verabsolutieren.

Genau dies geschieht aber im Bereich der Moral, wo die Gerechtigkeitsperspektive als der im Hinblick auf Konfliktlösungen gegenüber der Fürsorgeperspektive überlegene Standpunkt ausgezeichnet wird. Der Grund dafür liegt nach Carol Gilligan darin, daß Männer in moralischen Angelegenheiten in der Regel das Prinzip autonomer Individualität bevorzugen und entsprechend das von den meisten Frauen befolgte Prinzip der Rücksichtnahme auf andere als schwächer, wenn nicht gar als unmännlich einschätzen. Dieses Vorurteil finden die Entwicklungspsychologen fast im Sinne einer self fulfilling prophecy in ihren empirischen Erhebungen bestätigt, weil sie einerseits in ihren Interviewtechniken den Frageraster bereits von

Rücksichtnahme auf andere gilt als unmännlich.

73 *Gilligan, Carol*: Moralische Orientierung und moralische Entwicklung. In: *Nunner-Winkler, G.* (Hrsg.): *Weibliche Moral*. Die Kontroverse um eine geschlechtsspezifische Ethik, Frankfurt a. M. 1991, 79

74 Ebenda

vornherein auf ihr eigenes, an Gerechtigkeitsfragen ausgerichtetes Verstehensmuster zuschneiden und andererseits entweder nur männliche Probanden befragen oder von den Antworten der weiblichen Probanden nur das zur Kenntnis nehmen, was in den Bezugsrahmen paßt.

> Während in Piagets Darstellung [...] der moralischen Urteilsfähigkeit des Kindes die Mädchen eine Fußnote bilden - eine Kuriosität, der er vier kurze Bemerkungen in einem Index gönnt, in dem 'Jungen' überhaupt nicht vorkommen, weil 'das Kind' automatisch ein Knabe ist -, existieren in den Forschungen, von denen Kohlberg seine Theorie ableitet, die Frauen von vornherein nicht.[75]

Was Carol Gilligan bemängelt, ist die Selbstverständlichkeit, mit welcher Psychologen die moralische Entwicklung von Jungen und Männern verallgemeinern und als die von Kindern und Menschen ausgeben, wobei sich dann nachträglich herausstellt, daß die andere Hälfte der Menschheit bedauerlicherweise weit hinter der Norm zurückbleibt.

Kohlbergs Stufenmodell der moralischen Entwicklung.

So rekonstruiert Kohlberg die Genese der moralischen Urteilskompetenz als einen Prozeß, der über drei Ebenen und insgesamt sechs Stufen verläuft.[76] Auf der präkonventionellen Stufe I verstehen Kinder unter Gerechtigkeit den Gehorsam, den die Schwächeren den Stärkeren schulden, d.h. sie sind noch nicht fähig, Gerechtigkeit als Austausch auf

---

75 *Gilligan, Carol*: *Die andere Stimme*. Lebenskonflikte und Moral der Frau, München/Zürich 1990, 28 f.

76 Im folgenden beziehe ich mich auf *L. Kohlberg*: *The Philosophy of Moral Development*, San Francisco 1981.

der Basis von Gegenseitigkeit und Gleichheit zu praktizieren. [77]

Dazu sind sie auf der präkonventionellen Stufe II imstande, allerdings in einem naiv-instrumentellen Sinn von Gerechtigkeit und Fairneß, demzufolge ein Kind sich im Positiven wie im Negativen exakt reziprok verhält: Wenn du mich schlägst, darf ich mich rächen und zurückschlagen.[78]

Auf der konventionellen Stufe III vermögen Jugendliche sich in eine andere Person hineinzuversetzen und deren Rolle zu übernehmen, allerdings noch ohne die damit verbundenen Rechte und Pflichten als Teil der Gesellschaftsordnung zu durchschauen. Immerhin hat sich bereits die Einsicht eingestellt, daß Vergebung besser sein kann als Rache.

Auf der konventionellen Stufe IV, auf der sich nach Kohlberg die überwiegende Mehrheit der Erwachsenen befindet, herrschen die Prinzipien von "law and order". Gerechtigkeit wird als Gegenseitigkeitsbeziehung von Rechten und Pflichten im Rahmen des sozialen Systems aufgefaßt, das den Austausch nach Maßgabe der Gleichheit aller vor dem Gesetz regelt.[79]

Auf der postkonventionellen Stufe V siedelt Kohlberg Individuen an, die im Sinne des Regelutilitarismus die Gesellschaftsordnung durch eine legalistische Vertragsorientierung auf das

---

77 Ebenda, 147 f.

78 Ebenda, 148

79 Ebenda, 151

Nutzenprinzip gründen wollen. Dabei bildet nicht mehr die Binnenmoral der eigenen Gesellschaft das normative Gerüst des Handelns, sondern es sind nun die Menschenrechte, deren universale Gültigkeit sich in der Freiheit, Verträge zu schließen, artikuliert.[80]

Auf der höchsten postkonventionellen Stufe VI schließlich hat das Individuum auf der Endstufe der Gerechtigkeit seine volle moralische Urteilskompetenz erreicht, insofern es sich dem Prinzip der Autonomie verpflichtet weiß und allen Personen einen Selbstwert zuschreibt, dem gemäß jeder Mensch als Zweck an sich selbst zu behandeln ist.[81]

Die moralische Kompetenz von Frauen hat eine eigene Qualität.

Carol Gilligan konstatiert, daß nach Meinung der Entwicklungspsychologen die moralische Urteilskompetenz von Frauen selten über die dritte Stufe des Kohlbergschen Modells hinausgelangt, da die Beschränkung ihres Aktionsfeldes auf Haushalt und Kindererziehung sie auf das Stadium des Helfens bzw. Für-andere-Sorgens festlege und ihnen den Aufstieg zum autonomen Gerechtigkeitsverständnis verwehre. Gilligans Strategie besteht nun darin, den Nachweis zu erbringen, daß die moralische Entwicklung von Frauen keineswegs defizitär ist, weil sie angeblich hinter der der Männer zurückbleibt, sondern daß sie ihre eigene moralische Logik und Qualität hat. Das die konkreten zwischenmenschlichen Beziehungen ins Zentrum rückende Prinzip der Fürsorge als minderwertig zu deklarieren und diejenigen, die es ihren praktischen Urteilen als Maßstab zugrundelegen, der moralischen Unreife zu bezichtigen, liefe auf eine ähnliche Verabsolutierung

---

80 Ebenda, 153

81 Ebenda, 163

spezifischer Sehgewohnheiten hinaus, wie wenn in bezug auf die Hase-Ente-Figur verlangt würde, man solle nur den Hasen ins Visier nehmen und die Ente wegen ihrer Belanglosigkeit ignorieren. "Die vermeintliche Neutralität der Wissenschaft wie auch der Sprache selbst wird zunehmend durch die Erkenntnis infrage gestellt, daß die Kategorien des Wissens menschliche Konstrukte sind." Mittlerweile beginnt uns zu dämmern, "wie sehr wir uns daran gewöhnt haben, das Leben durch die Augen des Mannes zu sehen."[82] Mit dem männlichen Blick wird auch der blinde Fleck im männlichen Auge übernommen, der Frauen als Wesen, die zu eigenständigen Leistungen fähig sind, ausblendet, so daß Frauen sich selbst als minderwertig beurteilen.

Die Fehlvermessung der Leistungen von Frauen durch den männlichen Blick.

Wenn man einmal davon ausgeht, daß es (mindestens) zwei gleichberechtigte moralische Perspektiven gibt, aus denen Handlungs- und Normenkonflikte verschieden beurteilt werden, dann werden alle Testergebnisse hinfällig, die die moralische Reife von Mädchen und Frauen an einer aus dem männlichen Regelverständnis eruierten Wertskala ablesen. Carol Gilligan hat im Verlauf ihres Studiums bei der Auswertung des aus Interviews gewonnenen Testmaterials die von ihren Kollegen überhörte "andere Stimme" vernommen, soweit sie sich überhaupt zu Gehör bringen durfte. Im Zuge ihrer eigenen empirischen Untersuchungen hat sie dann ihren Blick gleichsam weg vom Hasen auf die Ente konzentriert und die weiblichen Beurteilungen moralischer Probleme analysiert. Dabei fiel ihr auf, daß Frauen überwiegend aus der "Fürsorgeper-

82 *Die andere Stimme*, 14

spektive" und weniger aus der "Gerechtigkeitsperspektive" urteilen.[83]

> Mit dem Wechsel der Perspektive von Gerechtigkeit zu Fürsorge verändert sich die Dimension, in der Beziehungen organisiert werden, von Ungleichheit/Gleicheit zu Bindung/Trennung. [...] Beziehungen vorrangig in Begriffen von Bindung zu entwerfen (statt in Begriffen von Gleichheit), verändert die Art und Weise, wie man das Miteinander von Menschen begreift, so daß die Bilder oder Metaphern für Beziehungen nicht mehr Hierarchie oder Gleichgewicht, sondern Netzwerk oder Gewebe hervorheben.[84]

Dieses Bild des Netzes oder Gewebes veranschaulicht eindrücklich die fundamentale Dimension des Zwischenmenschlichen, Intersubjektiven, die als solche nicht objektivierbar ist, da sie in nichts anderem als im wechselbezüglichen Sichverhalten von Subjekten besteht. Denkt man das Netz weg, so bleiben als gleichsam unbezügliche Substanzen die autonomen Individuen übrig, die sich vorgängig von

---

83 Ein beliebtes Beispiel für einen moralischen Konflikt, das in Kohlbergs Interviews zur Beurteilung der moralischen Reife von Elfjährigen herangezogen wird, ist das sogenannte "Heinz-Dilemma". Heinz befindet sich in einer Notlage. Seine schwerkranke Frau benötigt ein teures Medikament, das Heinz sich nicht leisten kann. Da der Apotheker sich weigert, den Preis zu senken, überlegt Heinz, ob er das Medikament stehlen darf/soll/muß, um seine Frau vor dem Tod zu retten. Die von den Kindern in ihren Antworten verfolgten Argumentationsstrategien reichen von einer rational aufgebauten Logik der Werte (Leben, Geld, Eigentum) bis hin zu einer auf Kommunikation setzenden Logik der Beziehung. Vgl. ebenda, 39 ff.).

84 *Moralische Orientierung*, 84

einem abstrakten Standpunkt der Gerechtigkeit aus als Gleiche anerkannt haben.

Gerechtigkeit und Fürsorge sind komplementäre Moralprinzipien.

Carol Gilligan will die beiden moralischen Perspektiven nicht gegeneinander ausspielen, um nach langer Dominanz des Gerechtigkeitsprinzips nun dem weiblichen Prinzip der Fürsorge ein Übergewicht zu verschaffen. Vielmehr handelt es sich aus ihrer Sicht um einander ergänzende, für die Handlungsorientierung gleich notwendige moralische Maßstäbe. Aufgrund ihrer einseitigen Betrachtungsweise haben Männer "Schwierigkeiten mit Beziehungen, während Frauen Probleme mit ihrer Individuation haben".[85] Dadurch sind Mißverständnisse vorprogrammiert, weil z.B. Phänomene wie Gewalt und Aggression, die aus der Sicht von Frauen abgelehnt werden, weil sie Bindungen verhindern oder gar zerstören, aus der Sicht von Männern jedoch als zur Durchsetzung des Gerechten unvermeidlich empfunden werden. So werfen die einen den anderen sinnlose Brutalität, die anderen den einen Naivität und Furcht vor Gefahren vor.

Beispiel: die unterschiedliche Beurteilung des Schwangerschaftsabbruchs.

Am Beispiel des Schwangerschaftsabbruchs macht Carol Gilligan deutlich, daß die Debatte nicht zuletzt aus dem Grund so verhärtet ist, weil Männer aus der Gerechtigkeitsperspektive die Rechte des Fötus gegen die der Schwangeren abwägen und unter Absehung von Fürsorgegesichtspunkten dem Recht des einen oder der anderen ein höheres Gewicht beimessen; Frauen hingegen reflektieren das Dilemma primär unter dem Aspekt der Fürsorge, der die Frage der Verantwortlichkeit resp. Verantwortungslosigkeit

85 *Die andere Stimme*, 17

in bezug auf Abtreibung in den Vordergrund rückt.[86] Entscheidend für Carol Gilligan ist die Bereitschaft auf beiden Seiten, die im Licht des jeweils anderen Prinzips vorgebrachten Argumente nicht von vornherein als moralisch minderwertig abzuqualifizieren, sondern in moralischen Diskursen als nicht weniger gut begründet anzuerkennen und gemeinsam nach verträglichen Lösungen zu suchen, zumal es durchaus auch Männer gibt, die das Fürsorgeprinzip vertreten, so wie auch manche Frauen sich dem Gerechtigkeitsprinzip verpflichtet fühlen.

Die unterschiedliche Sozialisation von Männern und Frauen führt zu den zwei Moralen.

Die Frage, woher es kommt, daß Männer mehr zur Gerechtigkeit und Frauen mehr zur Fürsorge als Maßstab für ihre moralischen Urteile und Handlungen neigen, klammert Carol Gilligan aus ihren eigenen Überlegungen aus. Sie bezieht sich auf Arbeiten von Lev Vigotsky und Nancy Chodorow[87], die auf die frühkindliche Phase der Abhängigkeit und Ohnmacht hinweisen, in welcher Kinder die Erfahrung der Ungleichheit machen und lernen, wie wichtig für ihren Schutz und ihr Überleben die Bindung an Erwachsene ist. Zugleich wächst aber auch das Bedürfnis nach mehr Selbständigkeit und Macht, das bei Jungen im Zusammenhang der Herausbildung ihrer Geschlechts-

---

86 Vgl. *Moralische Orientierung*, 87 f.

87 *Vigotsky, Lev S.: Mind in Society.* The Development of Higher Psychological Processes, Cambridge, Mass. 1978 (dt.: *Geschichte der höheren psychischen Funktionen*, Münster [u.a.] 1992); *N. Chodorow: The Reproduction of Mothering.* Psychoanalysis and the Sociology of Gender, Berkeley/Calif. 1978 (dt.: *Das Erbe der Mütter.* Psychoanalyse und Soziologie der Mütterlichkeit, München 1985). Vgl. *Moralische Orientierung*, 92 ff.

identität mit einer Loslösung von der Mutter und dem durch sie repräsentierten Prinzip der Fürsorge verbunden ist, wohingegen Mädchen in Antizipation der Mutterrolle eben dieses Prinzip internalisieren. Obwohl also auch die Jungen den Wert von fürsorglichen Beziehungen am eigenen Leib erfahren haben, orientieren sie sich später aufgrund ihrer anatomischen Zugehörigkeit zum männlichen Geschlecht am väterlichen Verhaltensmuster und ziehen das unparteiliche Gerechtigkeitsprinzip vor, weil sie mütterliches (und damit weibliches) Verhalten mehr oder weniger verächtlich mit Selbstlosigkeit, Selbstaufopferung, Parteilichkeit und Gefühlen assoziieren, was ihrer Wunschvorstellung von Unabhängigkeit und Individualität widerspricht.

Die Irreduzibilität der beiden Moralen.

Ohne auf die naheliegende Frage einzugehen, wie eine Erziehung vonstatten gehen müßte, die einer geschlechtsspezifischen Trennung der beiden Moralperspektiven entgegensteuert und deren Gleichwertigkeit im kindlichen Bewußtsein verankert, betont Carol Gilligan noch einmal, "daß die unterschiedlichen Orientierungen weder Gegensätze noch Spiegelbilder oder bessere und schlechtere Verkörperungen einer einzigen moralischen Wahrheit sind. Die Begriffe der einen Perspektive enthalten nicht die Begriffe der anderen."[88] Allerdings zeigt sie keinen Weg, wie im Konfliktfall ein Konsens zwischen den unterschiedlichen Standpunkten erzielt werden kann, wenn jeder gemäß seiner Binnenlogik moralisch gerechtfertigt werden kann. Der Hase ist nun einmal nicht auf die Ente reduzierbar und umgekehrt. Was also macht ihre Einheit aus, und wie ist sie herstellbar?

Für Carol Gilligan kommt alles darauf an, die Grenzen der eigenen Perspektive zu erkennen und damit einer unzulässigen Verengung und Einseitigkeit bei moralischen Urteilen entgegenzuwirken.

> Das Fehlerrisiko bei Gerechtigkeitsurteilen besteht in deren latentem Egozentrismus, in der Neigung, die eigene Perspektive mit einem objektiven Standpunkt oder der Wahrheit zu verwechseln, sowie in der Versuchung, andere auf die eigenen Kriterien festzulegen, indem man sich selbst an ihre Stelle setzt. Das Fehlerrisiko bei Fürsorgeurteilen besteht in der Neigung, zu vergessen, daß man eigene Kriterien hat, und sich so weit auf die Perspektive des anderen einzulassen, daß man sich selbst als 'selbstlos' begreift und sich nach den Kriterien anderer definiert.[89]

Es gilt somit zu lernen, den Blick auch auf die jeweils andere Moralperspektive zu fokussieren, um einerseits das (männliche) Vorurteil auszuräumen, zwischenmenschliche Beziehungen seien ein Hindernis für Autonomie und Unabhängigkeit, und andererseits dem (weiblichen) Vorurteil zu begegnen, das Streben nach Autonomie führe automatisch zu Isolation und Brutalität.

5.2 Pro und Contra in der Gilligan-Kontroverse

Carol Gilligans Untersuchungen haben eine breite Kontoverse ausgelöst. Zwar teilen viele Autorinnen Gilligans Unbehagen an den Normen- und

---

88 *Moralische Orientierung*, 96

89 Ebenda, 97

Wertehierarchien, die sich auf ein rigoroses Regel- bzw. Prinzipienverständnis stützen, aber es werden eine Reihe von Bedenken angemeldet, die zum einen die Vernachlässigung des Normativen in der Analyse der beiden Moralperspektiven betreffen und zum anderen die Validität der empirischen Ergebnisse in Frage stellen.

Seyla Benhabib hat in der Gilligan-Kohlberg-Kontroverse für Carol Gilligan Partei ergriffen und ihre ethischen Überlegungen in den erweiterten Rahmen einer umfassenden Kritik des Gerechtigkeitsprinzips gestellt, wobei sie einerseits davon ausgeht, daß "die Geschlechterordnung ('gender-sex-system') keine kontingente, sondern eine notwendige Form der Organisation, der symbolischen Teilung und des Erlebens der sozialen Realität" ist.[90] Zum anderen betrachtet sie es als ein erwiesenes Faktum, daß die historisch bekannten Geschlechterordnungen zur Unterdrückung und Ausbeutung von Frauen beigetragen haben.

Die historischen Wurzeln der zwei Moralen.

Als besondere Zäsur stellt sie den Übergang zur Moderne heraus, da sich dort mit der Akzentuierung des Sollens in der praktischen Philosophie das Prinzip der Gerechtigkeit als die Grundnorm der die Öffentlichkeit gesetzlich absichernden Sozialverträge herauskristallisierte. Ausgeklammert aus moralischen und politischen Zusammenhängen, wird von nun an der häusliche Bereich in die private Sphäre abgedrängt, wo gleichsam im Naturzustand der pater familias nach privatrechtlichen Eigentumsgrundsätzen über Frau, Kinder und Diener zu verfügen berechtigt

90 *S. Benhabib: Der verallgemeinerte und der konkrete Andere*, a.a.O., 454-487

ist.[91] Männliche und weibliche Kompetenzen sind damit streng getrennt: hier der der Gerechtigkeit verpflichtete autonome Mann, dort die zum Zweck der Fürsorge in den Haushalt abkommandierte Frau.

Seyla Benhabib ergänzt somit Carol Gilligans Befund einer zweigeschlechtlichen Moral dahingehend, daß sie deren historische Wurzeln in der Neuzeit ausgräbt und die von Gilligan vernommene "andere Stimme" als das Echo jenes Befehls hörbar macht, den die Frauen unter dem Druck der Verhältnisse als ihr Über-Ich internalisiert haben.

Kritik der These von den zwei Moralen.

Gertrud Nunner-Winkler[92] versucht durch empirische Untersuchungen den Nachweis zu erbringen, daß Gilligans Zuordnung von Moralorientierungen und Geschlecht nicht haltbar und letztlich ein Mythos ist. Sie beruft sich darauf, daß bereits "kleine Kinder begreifen, daß bestimmte Regeln allgemeine, von Autoritäten unabhängige Gültigkeit besitzen. Diese Regeln, die überall und jederzeit, wo Menschen zusammenleben, Geltung besitzen, sind die moralischen Regeln."[93] Ihren eigenen Tests zufolge zeigen sich bei Kindern weder hinsichtlich der Regelkenntnis noch der Regelbegründung Geschlechtsunterschiede. Knaben und Mädchen urteilten sowohl aus der Gerechtigkeits- als auch aus der Fürsorglichkeitsperspektive, und es sei die jeweilige Betroffenheit bzw. die Reife des moralischen

---

91 Ebenda, 462 ff.

92 *Nunner-Winkler, Gertrud* (Hrsg.): *Weibliche Moral.* Die Kontroverse um eine geschlechtsspezifische Ethik, Frankfurt 1991

93 Ebenda, 148

Urteilsvermögens, die den Ausschlag für die Wahl der einen oder anderen Moralorientierung gebe.[94]

Zur Problematik psychologischer Testverfahren.

Der Streit zweier Psychologinnen um die Feststellung und Auswertung empirischer Befunde läßt erkennen, mit welchen Schwierigkeiten Testexperimente behaftet sind. Wenn es, wie Nunner-Winkler behauptet, zutrifft, daß Jungen nicht weniger in der Lage sind, eine Situation aus der Fürsorgeperspektive zu beurteilen als Mädchen, und daß Mädchen genau so gut das Gerechtigkeitsprinzip anzuwenden wissen wie Jungen, so sagt dies noch nichts darüber aus, welchem Prinzip faktisch der Vorzug gegeben bzw. welches als das höherrangige bewertet wird. Wenn also zwei Psychologinnen zu völlig entgegengesetzten Resultaten gelangen, ist zu fragen, ob dies nicht letztlich damit zusammenhängt, daß Empirie etwas ist, das nicht gleichsam nackt als neutrales Faktum vor unseren Augen liegt und nur korrekt rezipiert werden muß. Dies wäre der eigentliche, aufgrund einer fehlenden wissenschaftstheoretischen Reflexion entstandene Mythos, die Annahme nämlich, man könne vorurteilslos an die Dinge, hier an die Dinge der Moral herangehen. Auch psychologische Tests arbeiten mit Konzepten, auf dem Feld der Ethik mit einem Vorverständnis von Moral, auf dessen Basis die Testfragen entwickelt werden. Etwas unfreundlich gesagt, scheinen solche Frageraster gelegentlich nach dem Motto zu funktionieren: Wie es in den Wald hineinschallt, so schallt es heraus. Anders ausgedrückt: Psychologen resp. Psychologinnen konstruieren ihre Tests gemäß ihrem Moralverständnis, und die Probanden reagieren

94 Ebenda, 149

entsprechend dem Regelverständnis, das sie als Kinder gelernt und verinnerlicht haben. Die Auswertung der Tests geschieht wiederum im Licht des Moralverständnisses der Psychologen, die überprüfen, wie der Junge A und das Mädchen B sich in Situationen verhalten haben, die eine Einstellung der Fürsorglichkeit oder der Gerechtigkeit provozieren sollen. Dieses zirkuläre Vorgehen läßt sich natürlich nicht vermeiden, aber man sollte sich doch stets der jeweiligen Vorgaben bewußt sein und nicht dem Ideal einer 'reinen', absolut 'objektiven' Wissenschaft anhängen. Die gibt es nämlich ebensowenig wie eine unabhängig von Deutungen vorhandene Empirie. Wirklichkeit ist ein Konstrukt, das je nach Konstrukteur unterschiedlich ausfällt.

Die Rationalitätsstandards der Wissenschaften: das Erbe der Metaphysik.

Und was wäre schließlich, wenn es zutrifft, daß unser Denken nach wie vor eindimensional nach dem Muster der phallischen Logik funktioniert, die nur das als wissenschaftliche Interpretation von Welt zuläßt, was sich hierarchischen Strukturen fügt und der Herrschaft eines rigiden Einheitsprinzips unterwirft? Der Verdacht läßt sich nicht von der Hand weisen, daß die Wissenschaften, die sich ja allesamt aus der Philosophie entwickelt haben, in ihrer Wurzel noch metaphysisch sind und dementsprechend das Rationalitätsideal favorisieren, das sich als Herrschaftsinstrument eines sich zur allgemeinmenschlichen Denkform universalisierenden männlichen Selbstverständnisses herausgestellt hat. In dem Fall würden wir auch heute noch die Dinge unausweichlich androzentristisch - mit dem männlichen Blick - sehen, und die Testergebnisse Nunner-Winklers wären insofern nicht verwunderlich, als sie den männlichen Mythos von der *einen* Moral bestätigten, denn alle traditionelle Moral ist in der Wurzel männlich. Die weibliche Moral war nur eine

Erfindung von Männern, die Autonomie für sich reklamierten und den Frauen jene Tätigkeiten auftrugen, die eines Mannes als nicht würdig erachtet wurden. Auch wenn Mädchen heute ein das Gerechtigkeitsprinzip mit einschließendes praktisches Urteilsvermögen besitzen, ist damit noch längst nicht der Androzentrismus der Moral überwunden. Eine weibliche Moral, die das Selbstverständnis von Frauen angemessen - ohne das Diktat der Männer - widerspiegelt, eine solche weibliche Moral ist allererst noch auszubilden.

Die unterschiedliche Moralisierung der Geschlechter.

Marilyn Friedman hat zur Stützung von Gilligans Konzept einer "anderen" - nicht nur, aber überwiegend weiblichen - Stimme im moralischen Kontext darauf hingewiesen, "daß die kulturell jeweils mit einem der beiden Geschlechter assoziierten moralischen Werte und Normen tatsächlich voneinander differieren, selbst wenn sich statistische Unterschiede in moralischen Urteilen von Männern und Frauen nicht bestätigen lassen."[95] Ihrer These zufolge werden die beiden Geschlechter auf unterschiedliche Weise moralisiert, und die spontane Zustimmung, die die meisten Frauen bei der Lektüre von Gilligans Buch aufgrund der Übereinstimmung mit eigenen Erfahrungen bekunden, ist ein Indiz dafür, daß die Verfasserin wenn nicht die empirische, so doch "die *symbolische* moralische Stimme der Frau wahrgenommen und sie von der *symbolischen* männlichen losgelöst" hat.[96] Friedman will damit zum

---

95 *Friedman, Marilyn*: Jenseits von Fürsorglichkeit. Die Ent-Moralisierung der Geschlechter. In: *Nagl-Docecal, Herta* (Hrsg.): *Jenseits der Geschlechtermoral*. Beiträge zur feministischen Ethik, Frankfurt 1993, 241-265

96 Ebenda, 247

Ausdruck bringen, daß „Frauen und Männer auf jeder Ebene der sozialen Konstruktion von Geschlecht, die Stereotypien, Symbole und Mythen umfaßt, mit unterschiedlichen moralischen Normen und Werten in Verbindung gebracht [werden]. Es ließe sich sagen, Moral ist 'geschlechtsmarkiert', und die beiden Geschlechter werden auf unterschiedliche Weise 'moralisiert'."[97] Während zum Geschlechtsstereotyp von Frauen gemeinschaftsorientierte Eigenschaften (eben: Fürsorglichkeit) gehört, gelten die Normen des männlichen Stereotyps als prinzipienorientiert und handlungsbezogen, und entsprechend diesen geschlechtsspezifischen moralischen Zuschreibungen werden die moralischen Selbstdarstellungen von Männern und Frauen wahrgenommen - unabhängig davon, ob diese Wahrnehmungen mit der Empirie übereinstimmen oder nicht.

Das Sorgen als Grundlage einer Ethik der Verantwortung

Gilligans These von den zwei Moralen wurde des weiteren dazu benutzt, um entweder die Fürsorglichkeitsperspektive als die ethisch wesentliche weiterzuentwickeln oder um für eine über Gilligan hinausgehende Entmoralisierung der Geschlechter zu plädieren. So hat Nel Noddings[98] die Frage aufgeworfen: Warum sich um das Sorgen sorgen? und den Versuch unternommen, der traditionellen Prinzipienethik, die sich des Logos als der Sprache des Vaters bedient, während die Stimme der Mutter schweigt, eine Ethik entgegenzusetzen, die auf dem weiblichen Prinzip des Eros basiert. Sie stellt die Idee der Beziehung in den Mittelpunkt ihrer

---

97 Ebenda, 245

98 *Noddings, Nel*: Warum sollen wir uns ums Sorgen sorgen? In: *Nagl-Docekal, Herta* (Hrsg.): *Jenseits der Geschlechtermoral*, a.a.O., 135-172

Überlegungen und bezeichnet die beiden Bezugsgrößen als "Sorgenden-Teil" und "Umsorgten-Teil".

> Es ist das Wissen um und das Verlangen nach Verbundenheit, die das Fundament unserer Ethik bilden [...]. Als menschliche Wesen wollen wir sowohl für jemanden sorgen wie auch umsorgt werden. *Sorgen* ist in sich selbst wichtig. [...] Viele Menschen, die ein moralisches Leben führen, nähern sich moralischen Problemen nicht formal. Besonders Frauen scheinen an moralische Probleme so heranzugehen, daß sie sich selbst so weit wie möglich in die konkrete Situation hineinversetzen und für die zu treffenden Entscheidungen persönliche Verantwortung übernehmen. Sie definieren sich selbst über ein Sorgen und erarbeiten sich moralische Probleme von der Position des Sorgenden-Teiles her. Außerdem erfordert der Prozeß moralischer Entscheidungsfindung, der auf einem Sorgen basiert, einen Prozeß der Konkretisierung und nicht so sehr der Abstraktion. Eine auf dem Sorgen aufbauende Ethik ist meines Erachtens dem Charakter nach wesentlich feminin - was selbstverständlich nicht heißt, daß eine solche Ethik nicht auch von Männern geteilt werden kann.[99]

Wer aus der Sorge-Perspektive handelt, handelt weniger regelgeleitet und prinzipienorientiert als aus einem inneren Engagement für das konkrete, individuelle "ethische Selbst", dessen jeweilige Situiertheit es zu berücksichtigen gilt.

---

99 Ebenda, 142-144

Kritik des Fürsorgeprinzips qua patriarchaler Projektion von Weiblichkeit.

Gegen die Position von Noddings wurden unterschiedliche Einwände vorgebracht. Sarah Lucia Hoagland[100] weist darauf hin, daß das Subjekt männlicher Vorstellungen ethischen Handelns "isoliert, egoistisch, von Konkurrenzdenken geprägt und antagonistisch" sei, während Altruismus seit jeher als eine weibliche Tugend gilt, so daß Noddings letztlich wiederum die alten Denkschablonen und Rollenklischees bestätigt. Daher stellt Hoagland "mütterliches Verhalten als Modell weiblichen Handelns ebenso in Frage wie das männliche, egoistische Modell" - da beide nur die beiden Kehrseiten ein und derselben androzentrischen Ideologie sind.[101] Um zu zeigen, daß "Sorgen" eine patriarchale Projektion von Weiblichkeit ist, zieht sie als Beispiel die von Bell Hooks geschilderte Figur der schwarzen Mammy heran, die das von weißen Kolonialherren kreierte sexistisch-rassistische Ideal schwarzer Mütterlichkeit verkörpert: ein Frauentypus, der dadurch definiert ist, daß er im Sorgen aufgeht und sich damit dem männlichen Willen vollständig unterwirft, ohne jede Gegenleistung für die selbstlose Liebe zu ihren weißen Zöglingen. Diese Form sorgenden Verhaltens wird als erfolgreich betrachtet, "wenn der Sohn eines Sklavenbesitzers unter der Sorge der Mammy aufwächst, um selber Sklavenhalter zu werden."[102] Für Hoagland ist "das Weibliche kein Gegenmittel zum Männlichen".[103]

---

100 *Hoagland, Sarah Lucia*: Einige Gedanken über das Sorgen. In: *Jenseits der Geschlechtermoral*, a.a.O., 173-194

101 Ebenda, 174

102 Ebenda, 187

103 Ebenda, 184

Vielmehr müsse das Stereotyp einer bedingungslosen, opferbereiten, hingebungsvollen Liebe für den Umsorgten-Teil in einer patriarchalen Gesellschaft ersetzt werden durch "die Sorge der Amazonen, welche die aus den Werten der Väter resultierenden Ungerechtigkeiten in Frage stellt."[104]

Jenseits der zwei Moralen...

Ebenfalls im Gegensatz zu Noddings tritt Marilyn Friedman für eine Überwindung der traditionellen Fürsorglichkeitsmoral ein, aus welcher sie wie Hoagland die androzentrische moralische Standardstimme heraushört. Friedman betont, daß Fürsorglichkeit und Gerechtigkeit sich prinzipiell nicht ausschließen, sondern beide Perspektiven miteinander verträglich sind. Fürsorglichkeit ohne Einbezug des Gerechtigkeitsaspekts habe zur Ausbeutung der Frauen geführt, die unter Bezug auf die "weiblichen Tugenden" Liebe und Sorge zu Dienstleistungen an Männern abgerichtet wurden, ohne auch nur annähernd Gleiches mit Gleichem vergolten bekommen zu haben." Diese Dienstleistungen beinhalten persönlichen Service (die Befriedigung routinemäßiger körperlicher Bedürfnisse wie Hunger und andere profane Aufgaben), sexuellen und reproduktiven Service und Ego-Service."[105] Diese Ungerechtigkeit der Ausnutzung von Frauen bedarf nach Friedman einer Korrektur in doppelter Hinsicht: Zum einen ist Frauen ebenfalls ein Sinn für Gerechtigkeit zuzugestehen, der sich de facto bereits in vielfältigen Bereichen, die ihrer Verantwortung unterstellt sind, bewährt hat, z.B. im mütterlichen Umgang mit Kindern, der ohne Gerechtigkeits-

---

104 Ebenda, 190

105 Friedman, Marilyn: A.a.O., 251

überlegungen nicht auskommt. Zum anderen müssen Männer ihre vom Gerechtigkeitsprinzip abgekoppelten Vorstellungen der Sorge für andere revidieren, um nicht nur die Rechte zu respektieren, die im Sinne abstrakter Rationalität allen Menschen allgemein zukommen, sondern auch und gerade die Rechte, die einzelnen Personen hinsichtlich ihrer individuellen Werte, Leistungen, Bedürfnisse und Eigenheiten zuzugestehen sind. Wirkliche Fürsorglichkeit muß ohne paternalistische Attitüden eine gerechte Behandlung mit einschließen. Abschließend plädiert Friedman für eine Entmoralisierung der Geschlechter, um die Dichotomie der beiden standardisierten Moralen zu überwinden:

> Unser Ziel würde es sein, zu einem Standpunkt 'jenseits von Fürsorglichkeit' zu gelangen, das heißt, jenseits von Fürsorglichkeit allein, unabhängig von einem Anspruch auf Gerechtigkeit. Darüber hinaus wäre es auch wünschenswert, über die Geschlechterstereotypen hinauszugehen, welche Frauen und Männern deutlich ausgeprägte und unterschiedliche moralische Rollen zuweisen. Unser höchstes Ziel sollte in der Schaffung eines geschlechtsunabhängigen, nicht-dichotomisierten, moralischen Rahmens bestehen, innerhalb dessen sämtliche moralische Überlegungen zum Ausdruck gebracht werden könnten. Ironisch ausgedrückt ließe sich dieses Projekt als die 'Ent-Moralisierung der Geschlechter' beschreiben.[106]

Die Juristin Andrea Maihofer hat im Anschluß an Carol Gilligan vor allem das Differenzprinzip betont, indem sie für eine „Ambiguitätstoleranz“ plädiert und die „Vorstellung von der scheinbar logischen Evidenz der Möglichkeit nur einer *einheitlichen* Moral, überhaupt nur *einer* Moral“ als androzentrischen

---

[106] Ebenda, 255

Denkgestus ablehnt. Das Festhalten am Topos der Identität führe zur „theoretischen Zwanghaftigkeit, Vielheit und Differenz letztlich in Einheit und Identität aufheben zu müssen, die Zweiheit nur über die Einheit denken zu können.“ [107]

Der Begriff der Gleichheit ebnet die Unterschiede ein.

Wie Gilligan problematisiert Maihofer das traditionelle Gerechtigkeitsprinzip, das den Begriff der Gleichheit impliziert, für den sie nachweist, daß er „eine positive, nicht hierarchisierende Anerkennung „weiblicher“ Differenz“ verhindert. [108]

Obwohl die Menschenrechte die Anerkennung aller Menschen als freier und gleicher forderten, waren Frauen davon ausgeschlossen, weil sie aufgrund ihres Geschlechts nicht als gleiche Menschen galten. „Aus einer geschlechtlichen Differenz wird eine menschliche Defizienz, aus einer menschlichen Verschiedenheit eine gesellschafltiche und rechtliche Ungleichheit. [109]

Die Diskriminierung von Frauen war also die Folge davon, daß ihre anatomische Andersartigkeit als Legitimationsgrund für die Ungleichbehandlung aufgefaßt wurde, denn am männlichen ‘Normalmaß’ gemessen blieben sie hinsichtlich Intellektualität und Moralität hinter den Männern zurück. Wollten Frauen ihre Gleichberechtigung erkämpfen, hatten sie nur die Alternative, entweder ihre von ihnen als wesentlich

---

107 *Maihofer, A.*: Ansätze zur Kritik des moralischen Universalismus. Zur moraltheoretischen Diskussion um Gilligans Thesen einer „weiblichen“ Moralauffassung. In: *Feministische Studien* 6 (1988), 32 - 52; zit. 48

108 *Maihofer, Andrea*: Gleichheit nur für Gleiche?. In: Gerhard, U. u.a. (Hrsg.), *Differenz und Gleichheit*, Frankfurt a. M. 1990, 351-365, zit. 352

109 Ebenda, 354

> erachtete Andersheit zu verleugnen oder diese für unwesentlich zu erklären, weil nach herkömmlicher Ansicht nur *ein* (in sich differenzloses) Wesen des Menschen denkbar ist.[110]

Ungleiches ungleich behandeln?

Andrea Maihofer untermauert ihre Kritik anhand der herrschenden Auslegungspraxis von Artikel 3 des Grundgesetzes der Bundesrepublik Deutschland, die davon ausgeht, daß die individuelle Verschiedenheit der Menschen für das Recht sekundär ist. Die Pointe ihrer Ausführungen liegt darin, daß der allgemeine Gleichheitsgrundsatz die Ungleichbehandlung von wesentlich Gleichem verbietet, wohingehend wesentlich Ungleiches sogar ungleich behandelt werden *muß*.[111] Hier wäre also durchaus die Möglichkeit einer legalen Ungleichbehanldung gegeben, vorausgesetzt daß sie auf einer Anerkennung menschlicher Verschiedenheiten beruht. Eine solche macht jedoch ein Umdenken hinsichtlich des Vergleichsmaßstabs für Gleichheit notwendig, denn wie Maihofer im Hinblick auf die rechtsphilosophische Tradition erläutert, hat sich der moderne Gleichheitsbegriff als „eine Kombination von verteilender und ausgleichender Gerechtigkeit" herauskristallisiert[112] - wobei es wiederum die männliche Logik des Einen ist, die eine Gleichgewichtigkeit des Verglichenen nicht zuläßt, sondern den Maßstab so konzipiert, daß er nicht wirklich einen übergeordneten, „neutralen" normativen Standpunkt markiert, sondern „patriarchalhegemoniale Verallgemeinerungen männ-

---

110 Ebenda, 356

111 Ebenda, 357

112 Ebenda, 358

licher Lebensweisen" repräsentiert, [113] die auch der Beurteilung der Gleichheit von Frauen unterlegt werden, was zur Folge hat, daß sie von vornherein die Unterlegenen sind. „*Maßstab* für *ihre* Gleichheit im Recht ist immer der *Mann*, seine Fähigkeiten, sein Wissen, seine Vorstellungen von Familie, Leben, Beruf, Wissenschaft, Politik usw." [114] Anders formuliert: Alle sind vor dem Gesetz gleich, aber gemessen wird die Gleichheit am Wesen der Mannes, das unter ethischem Gesichtspunkt in unzulässiger Verallgemeinerung als *Menschen*würde bestimmt wird.

Menschliche Würde?

Maihofer läßt es offen, ob nicht eigentlich von zwei Begriffen menschlicher Würde die Rede sein müßte, die nicht in einem gemeinsamen Dritten aufzuheben wären, so daß der Frau anstelle einer Würde von Gnaden des Mannes eine ihr *als Frau* eigene Würde zugeschrieben wird, kraft derer sie einen unveräußerlichen Selbstwert besitzt, auf dem echte Gleichberechtigung beruht. Es geht somit um die Anerkennung nicht einer formalen Gleichheit, sondern einer grundsätzlichen Gleichwertigkeit des weiblichen Wesens als solchen, das den Maßstab seines moralischen Selbstverständnisses in sich selbst hat bzw. ausbildet, und zwar nach Maßgabe der seine Identität begründenden Andersheit. Entsprechend bedarf es nach Maihofer eines nicht-hierarchisierenden, „geschlechter-differenzierenden Rechts", das es der Frau erlaubt, als eigenständiges Rechtssubjekt ihre Rechte wahrzunehmen. An die Stelle eines hegemonialen, imperialistischen,

---

113 Ebenda, 359

114 Ebenda

monistischen Universalismus muß ein pluraler Universalismus treten, der sich um „Formen der geschlechtsspezifischen (nicht mehr geschlechtsneutralen) Verallgemeinerung bemüht [115], deren Verbindlichkeit derart ist, daß Frauen sich als Miturheberinnen der auf diese Weise generierten Normen wiederzuerkennen vermögen.

115 Ebenda, 365

6 Rückblick und Ausblick

Marilyn Friedman hat schon einen Vorschlag gemacht, wie es mit der feministischen Ethik weitergehen soll: Eine Entmoralisierung der Geschlechter soll den Weg bereiten nicht für eine morallose Form des Miteinanderumgehens, sondern für eine neue Moral, in welcher weder männliche noch weibliche Denk- und Handlungsgewohnheiten zur allgemeinen Regel erhoben werden, sondern gemeinsam anerkannte und als solche wirklich menschliche normative Muster von Kommunikation und Praxis.

Konzept einer Ethik der geschlechtsspezifischen Moral.

Doch bevor eine solche geschlechterübergreifende, nicht-androzentristische, postfeministische Ethik in Angriff genommen werden kann, müßte eine Ethik der geschlechtsspezifischen Moral ausgeführt werden, deren Anliegen die Entwicklung eines integrativen Konzepts menschlicher Interaktion ist, in welchem das imperialistische vertikale Modell einer Einheitsstiftung durch Subordination verabschiedet und einem horizontalen Modell, das Einheit durch Beziehung stiftet, auf der Basis einer vorgängigen Anerkennung der Gleichwertigkeit des Differenten, der Vorzug gegeben wird. Es gilt zu lernen, das jeweils "Andere" als es selbst zu respektieren. Nur unter dieser Voraussetzung können Frauen daran gehen, die Prinzipien einer 'weiblichen' Moral zu entwickeln, die ihrem Selbstverständnis sowie ihrer Selbsterfahrung als Frau gerecht und nicht von vornherein als den Prinzipien der herr-schenden 'männlichen' Moral unterlegenes Konstrukt einer untermenschlichen Lebensform disqualifiziert werden. Dabei wird sich auch herausstellen, inwieweit die von Frauen emanzipatorisch generierten Norm- und

Wertvorstellungen Neubildungen sind oder durch Umwertung androzentrischer Regeln gewonnen wurden, denen damit eine geschlechterübergreifende Gültigkeit zugestanden würde. Die Gender-Perspektive würde jedoch auch dann nicht überflüssig, wenn es gelänge, jenseits von männlicher und weiblicher Moral eine geschlechtsunspezifische, allgemeinmenschliche Ethik zu etablieren. Warum sollte es nicht auch in Zukunft sinnvoll sein, zwischen verschiedenen, aber gleichberechtigten und gleichwertigen Normensystemen zu unterscheiden? Doch davon abgesehen sollte die Gender-Perspektive als kritischer Standpunkt zum festen Bestandteil der Ethik werden, um zu verhindern, daß geschlechtsspezifische Denk- und Handlungsmuster in unzulässiger Weise verallgemeinert und verabsolutiert werden.

Ausbildung einer allgemein-menschlichen Ethik

6.1 Positive Frauengestalten in der antiken Philosophie

Hilfreich auf dem Weg zur Ausbildung eines authentisch weiblichen, die androzentristischen Versionen des als weiblich ausgegebenen Regel- und Tugendkanons überwindenden Moralverständnisses könnte zum einen auch die Rezeption positiver Frauengestalten in der Philosophie und zum anderen der Rekurs auf nichtessentialistische Ansätze sein, die aus einer Kritik am Logozentrismus der klassischen Metaphysik erwachsen sind.

6.1.1 Parmenides: Dike

Eines der ältesten uns in zentralen Fragmenten erhaltenen Dokumente stammt aus der Zeit um 515 v. Chr. Der Eleate Parmenides hat unter dem Titel *Peri physeos* (= Über die Natur)[116] ein Lehrgedicht in Hexametern verfaßt, das insofern interessant ist, als hier zum ersten Mal der Anfang der Philosophie methodisch reflektiert wird. Das Gedicht beginnt mit einem Proömium, in welchem eine Art Himmelfahrt geschildert wird. Ein junger Adept verläßt, begleitet von den Heliaden - den Töchtern des Sonnengottes -, den Bereich des Irdischen und gelangt durch das Tor der Straße von Tag und Nacht zu einer Göttin, von der er über die Wahrheit belehrt wird. Diese Göttin ist Dike - die Gerechtigkeit -, die den Schlüssel zum Tor besitzt.

Dike: Wegweiserin der Wahrheit.

Diese mythisch-metaphorische Schilderung könnte so interpretiert werden, daß es einem jungen, im Bereich des Empirischen gleichwohl bereits erfahrenen Mann vermittels seines unbedingten, auf Wahrheit gerichteten Erkenntnisinteresses gelingt, das ihm Bekannte zu transzendieren. Er vollzieht denkend die Erhebung auf eine Metaebene, auf welcher er die Bedingungen zu rekonstruieren versucht, unter denen etwas als wahr gelten kann. Das Tor, das auf der einen Seite Tag und Nacht und auf der anderen Seite ewiges Licht voneinander scheidet, stünde dann für jene Nahtstelle im erkennenden Bewußtsein, an der das Veränderliche, dem Wechsel der Zeit Unterworfene, mit ungeschichtlichen, begrifflichen Geltungsbedingungen konfrontiert wird. Vielleicht

---

116 *Parmenides*: Über die Natur. In: *Mansfeld, J.* (Hrsg.): *Die Vorsokratiker*, Stuttgart 1987; Proömium, 313f.

könnte man mit Bezug auf Dike sogar so weit gehen zu sagen, daß gleichsam das Codewort, das die Göttin zum Öffnen des Tores veranlaßt, eben jene Frage ist, die Kant später als die *quaestio quid iuris* bezeichnet hat, die Frage nach den Geltungs- und Legitimationsgründen für etwas faktisch als wahr Behauptetes. Diese Frage führt in einen ganz anderen Bereich, zu den letzten Bedingungen allen Wissens schlechthin.

Was die Göttin dem Wißbegierigen mitteilt, ist nicht einfach eine fertige Wahrheit in Gestalt etwa einer Weltformel, sondern ein Wahrheitskriterium, das es dem Urteilenden erlaubt, zwischen wahren und falschen Aussagen zu unterscheiden. Die Belehrung, die Parmenides durch die Göttin erfährt, läuft letztlich darauf hinaus, daß es für den auf dem Boden der Wahrheit Urteilenden keine Gegensätze, nichts Veränderliches, Entstehendes und Vergehendes mehr gibt, sondern nur noch die Selbigkeit des Logos als regulatives Maß. Die Gegensätze erweisen sich von dorther als Produkt einer falschen Betrachtung, einer fehlerhaften Sichtweise.

6.1.2 Sokrates: Diotima

Als zweites Beispiel kann der junge Sokrates dienen, der in Platons Dialog *Symposion*[117] eine ähnliche Aufstiegsbewegung vollzieht wie der Adept im parmenideischen Lehrgedicht, mit dem Unterschied, daß er nicht wissen will, was Wahrheit, sondern was Schönheit ist. Auch er hat im Bereich des

---

[117] Vgl. *Platon*: *Symposion*, 198a - 212c.

Empirischen Erfahrungen gemacht, die es ihm erlauben, sinnlich erfaßbare Gegenstände und menschliche Körper hinsichtlich ihrer Schönheit zu beurteilen. Aber das Schöne an sich als Legitimationsgrund ästhetischer Urteile vermag er nicht aus eigener Kraft zu rekonstruieren.

Diotima: der Weg zur Idee des Schönen.

Eine weise Seherin, die Mantinäerin Diotima ist es, die ihn an den Ursprung des Wissens um das Schöne führt, indem sie das Schöne als Korrelat jener menschlichen Antriebskraft bestimmt, die den Namen Eros trägt. Der Eros beruhigt sich jedoch nicht in vergänglichen Gestalten des Schönen. Er begehrt etwas, das allen Verfall überdauert, etwas Unsterbliches. Dieses aber ist nach Diotima in der Dimension des Geistig-Seelischen, in welcher das Ideelle beheimatet ist, zu finden. Das Ideelle hat keine empirische Existenz; es gilt, und seine Gültigkeit ist unabhängig von der Zeit. Die Idee des Schönen dient der Seele als Muster bzw. als Rechtfertigungsgrund bei der Erzeugung desjenigen, was zu Recht das Prädikat *schön* verdient und somit schlechthin um seiner selbst willen liebenswert ist. Die erotische Anziehungskraft der Idee des Schönen bewirkt, daß die Seele schöpferisch wird und danach trachtet, sich selbst in ihrer Vollkommenheit, d.h. in ihrer Schönheit hervorzubringen. Auch Diotima lehrt also kein Wissen des Schönen, sondern ein Kriterium zur Beurteilung schöner Dinge als solcher.

Dike und Diotima lehren Prinzipienerkenntnis...

Was bei diesen frühen metaphysischen Entwürfen auffällt, ist die Selbstverständlichkeit, mit der Parmenides und Sokrates auf weibliche Gestalten als sinnverbürgende Garanten eines unbedingten Anspruchs auf Wahrheit und Schönheit rekurrieren. Es hätte ja auch ein Gott oder ein Seher sein können, der sie jeweils mit den Prinzipien des Wissens vertraut machte, aber offenbar hat die geistige Überlegenheit von Dike und Diotima nichts Anstößiges für sie. Ganz im Gegenteil: Sie überlassen sich willig deren Führung zu den Ursprüngen von allem, was ist und gilt. Wo die neuzeitliche Philosophie auf einen autonomen Vernunftakt oder die Selbstsetzung eines Bewußtseins zurückgeht, um die letzten Gründe des Wissens als Wissen von etwas zu erhellen, bedürfen die antiken Metaphysiker an der Schwelle des Übergangs vom Mythos zum Logos noch einer höheren Autorität, die ihnen dabei behilflich ist, sich im abstrakten, transempirischen Bereich der Prinzipien zurechtzufinden. Dike und Diotima haben dabei eine Mittlerfunktion, doch sie wollen kein fertiges Wissen vermitteln, sondern die Fähigkeit wecken, zu unterscheiden und das Unterschiedene wieder aufeinander zu beziehen. Die empirische Welt des Vielen, Veränderlichen, Besonderen und der Bereich der einheitsstiftenden, unveränderlichen, allgemeinen Prinzipien sind verschieden und gehören doch wesentlich zusammen.

... und Einübung in Urteilskraft.

Man könnte das, was die jungen angehenden Philosophen lernen, als eine Einübung in den Gebrauch der Urteilskraft beschreiben. Wer Urteilskraft besitzt, versteht es, Besonderes und Allgemeines richtig miteinander zu verbinden, d.h. den gegebenen Einzelfall als Repräsentanten eines Begriffs oder Gesetzes zu erfassen und umgekehrt den Begriff auf den besonderen Fall anzuwenden. Es ist bedeutsam, daß es Frauen sind, die als Autoritäten für Urteilskraft auftreten. Die Urteilskraft ist jenes Vermögen, das verhindert, daß wir eines unserer Erkenntnisvermögen - entweder die sinnliche Wahrnehmung oder den Verstand oder die Vernunft - einseitig ausbilden oder gar verabsolutieren, so daß wir nur noch ansprechbar sind durch das, was den

Sinnen gefällt, was der Verstand zu instrumentalisieren vermag oder was die praktische Vernunft terroristisch gebietet.

6.2 Negative Bestimmung der Frau als Materie

Freilich waren es bei Parmenides und Sokrates keine gewöhnlichen Frauen, denen die Kompetenz für Urteilskraft zuerkannt wurde. Eine Göttin und eine Seherin, gleichsam außer- oder übergeschlechtliche Wesen waren als Dolmetscherinnen des Logos autorisiert. Aufgrund ihrer immateriellen oder sublimierten Körperlichkeit waren sie geradezu dafür prädestiniert, auf das ideelle, unstoffliche Wesen alles Stofflichen aufmerksam zu machen.

Die Frau als minderwertiges Geschlechtswesen in der platonischen Metaphysik...

Ganz anders verhielt es sich jedoch mit den Frauen als Geschlechtswesen, die in der Achtung der Metaphysiker ganz am entgegengesetzten Ende der Skala rangierten. Die Gründe hierfür sind mannigfaltig. Eine entscheidende Weichenstellung erfolgte in der platonischen Metaphysik dadurch, daß der Ebene der Prinzipien und Ideen der Vorrang gegenüber der Welt des Empirischen zuerkannt wurde, was zu einer Abwertung alles Stofflich-Materiellen führte, das dem Prinzip des Entstehens und Vergehens untersteht, mithin nicht von Dauer ist. Dies gilt auch für den menschlichen Körper. Doch während es dem Mann vermöge seiner Verstandeskräfte leichter falle, in bezug auf seine leiblich-sinnlichen Bedürfnisse Askese zu üben und bereits im irdischen Leben sterben zu lernen,[118] sei dies für die Frau ein aussichtsloses Unterfangen. Von Natur aus sinnlicher veranlagt als der Mann, klammere sie sich an das Materielle, außerstande, sich in Theorie und Praxis auf die Ansprüche von Verstand und Vernunft zu konzentrieren.

... und im alten Testament.

Diese Einschätzung der Frau als Geschlechtswesen wurde dann in der christlichen Metaphysik durch die Sündenfall-Lehre noch zementiert. Eva verfiel als erste den Verführungskünsten der Schlange und aß vom Baum der Erkenntnis, wodurch sie zu verstehen gab, daß sie fleischlich-sinnlichen Genüssen den Vorzug vor dem göttlichen Anspruch gab, außerstande, ihr Handeln an Geboten auszurichten. Die im Gefolge des Sündenfallmythos zunehmende Leibfeindlichkeit des Christentums führte schließlich zur Gleichsetzung der Frau mit Materie. Materie als bloßer formloser Stoff ist Inbegriff des schlechthin Unvollkommenen, Unerhellten, Unreinen, Passiven, Trägen, und diese Prädikate wurden auf die Frau übertragen, deren Sinnlichkeit ihre Verwandtschaft mit der Materie nahelegte.[119] So wie die Materie nur als geformte einen Wert hat, bedürfe auch die Frau der Formung durch einen Verstand, um als Mensch gelten zu

---

118 Vgl. *Platon*: *Phaidon*, 64a - 69e.

119 „[...] nicht ohne wichtigen Grund hat es [den alten Philosophen] gefallen, diese zwei Dinge gleichzusetzen: die Materie und das Weib." Die „Form sündigt nicht, und keine Form begeht einen Fehler, der kommt immer durch ihre Verknüpfung mit der Materie." „[...] das Frauenzimmer ist nichts anderes als eine Materie." *Bruno, Giordano*: Die Vertreibung der triumphierenden Bestie. In: *Werke*, Bd. II, Jena 1904, 212ff.

können, und da das einzige Lebewesen, das von sich selber her über eine geistige Potenz und entsprechend über einen formgebenden Verstand verfüge, der Mann sei, waren damit die Rollen im Geschlechterverhältnis verteilt und metaphysisch festgeschrieben - von Männern, die ihr eigenes sinnliches Begehren verleugneten und in die Frau hineinprojizierten, die zugleich als Sündenbock herhalten mußte für die Triebunterdrückung der Männer.

Die Sündenbockfunktion der Frau.

6.3 Die Entstehung des Logozentrismus

Die Kompetenz für Urteilskraft, wie sie Dike und Diotima zugeschrieben wurde, galt zwar auch weiterhin als eine weibliche Fähigkeit, doch wurde diese in ihrer Bedeutung weit unterschätzt, weil das primäre Erkenntnisinteresse der Männer dem Allgemeinen *um des Allgemeinen willen* galt, während Frauen sich für das Allgemeine *um des Besonderen willen* interessierten. Die männliche Rationalität hatte ihren Schwerpunkt in Verstand und Vernunft, die weibliche in theoretischer und praktischer Urteilskraft.

Um diese Zweiteilung zu verstehen, ist wiederum ein Blick zurück auf die Wende vom Mythos zum Logos hilfreich, die zum sog. Logozentrismus führte. Die Entdeckung, daß sich die schier unübersehbare Mannigfaltigkeit der empirischen Phänomene durch den Logos auf ein einheitliches, sie insgesamt umfassendes allgemeines Prinzip zurückführen ließ, hatte zur Folge, daß das Allgemeine - in Gestalt von Begriffen, Prinzipien, Gesetzen - und mit ihm die das Allgemeine erzeugenden Erkenntnisvermögen -

Die Wende vom Mythos zum Logos: Auszeichnung des Allgemeinen.

Verstand und Vernunft - im Bereich des Wissens als das am höchsten Geschätzte unbedingte Priorität erlangten. Von dort war es dann nur noch ein kleiner Schritt, bis die Erkenntnis des Allgemeinen sich verselbständigte und schließlich nurmehr um ihrer selbst willen betrieben wurde. Hand in Hand damit ging eine Abwertung der Sinne und des durch diese erfaßten Besonderen, Einzelnen, Einmaligen, über dessen Stofflichkeit die Abstraktion bedenkenlos hinwegsehen zu können glaubte. Mit dem Stofflichen als dem Anderen der Vernunft wurde radikal alles das aus dem Gebiet des wahrhaft Wissenswerten ausgeschlossen, was einen hohen Anteil an Materie aufweist und sich deshalb einer geistigen Durchdringung weitgehend entzieht: die außermenschliche und die menschliche Natur. Die Frauen waren dadurch in besonderem Maß betroffen, eben weil die ihnen unterstellte größere Sinnlichkeit und Affektgebundenheit sie in die Nähe der geistlosen, irrationalen Natur rückte.

Frauen: prädestiniert für das Besondere...

Den Frauen wurde unter Hinweis auf ihre mangelhafte geistige Ausstattung seitens der Natur der Zugang zum Logos - Bildung und Wissenschaft - verwehrt. Sie hatten sich um das Besondere zu kümmern, dem ihre sinnliche Natur ohnehin zuneigte, und soweit sie dazu Kenntnisse des Allgemeinen benötigten, wurden ihnen solche durch die Männer vorgegeben, nicht nur auf dem Gebiet theoretischen Wissens, sondern auch auf dem Feld der Moral.[120]

---

120 J.-J. Rousseau und G.W.F. Hegel seien hier exemplarisch für alle die angeführt, die betonen, daß das Allgemeine keine Angelegenheit der Frau sei: "Ihre Studien müssen sich auf das Praktische beziehen. Ihre Sache ist es, die Prinzipien anzuwenden, die der Mann gefunden hat."

Belobigt wurden sie für ihre konservative Grundhaltung, die sie dazu befähigte, den ihnen von den Männern übergestülpten Moralkodex und Tugendkatalog so zu verinnerlichen, als hätten sie sich mittels deren Regeln in ihrem Wesen selbst definiert.

... und den Gebrauch der Urteilskraft.

Der den Frauen traditionell zugewiesene Schwerpunkt des Erkenntnisvermögens lag demnach auf der Urteilskraft. Die einzige Kompetenz, die Frauen sich ungehindert erwerben konnten, erstreckte sich auf die Vermittlung von Besonderem und Allgemeinem, auch wenn sie für das Allgemeine keine Autonomie beanspruchen durften. Dies hatte immerhin den Vorteil, daß sie nicht der Faszinationskraft des Logos erliegen und darüber das Besondere aus den Augen verlieren konnten. Andererseits konnten sie aber auch nicht die Zerstörungen verhindern, die unter der Vorherrschaft und dem Diktat des alles Materielle

---

(*Rousseau*: *Emil*, Paderborn 1978, 420f.) - "Frauen können wohl gebildet sein, aber für die höheren Wissenschaften, die Philosophie und für gewisse Produktionen der Kunst, die ein Allgemeines fordern, sind sie nicht gemacht. Frauen können Einfälle, Geschmack, Zierlichkeit haben, aber das Ideale haben sie nicht. Der Unterschied zwischen Mann und Frau ist der des Tieres und der Pflanze: das Tier entspricht mehr dem Charakter des Mannes, die Pflanze mehr dem der Frau, denn sie ist mehr ruhiges Entfalten, das die unbestimmtere Einigkeit der Empfindung zu seinem Prinzip erhält. Stehen Frauen an der Spitze der Regierung, so ist der Staat in Gefahr, denn sie handeln nicht nach den Anforderungen der Allgemeinheit, sondern nach zufälliger Neigung und Meinung." (*Hegel*: *Grundlinien der Philosophie des Rechts*, § 166)

instrumentalisierenden Logos auf dem Feld des Besonderen angerichtet wurden.

Verstand und Vernunft ohne Urteilskraft sind blind gegenüber den berechtigten Ansprüchen der Natur; Urteilskraft ohne Verstandes- und Vernunftautonomie ist ideologisch verblendet und Vorurteilen hörig. Diese einseitigen Ausrichtungen des menschlichen Erkenntnisvermögens haben zwar einerseits in theoretischer Hinsicht zu Höhenflügen auf den Gebieten von Wissenschaft und Technik geführt und in praktischer Hinsicht zum reibungslosen Funktionieren im zwischenmenschlichen Interaktionsbereich beigetragen. Aber andererseits sind sie aufgrund ihrer Blindheit und Verblendetheit hinsichtlich der Ideologie des Nutzens von Wissenschaft und Technik einem Allmachtswahn verfallen, der zu den katastrophalen Zuständen geführt hat, in denen wir uns heute befinden.

6.4 Urteilskraft und utopisches Denken

Konzept einer Urteilskraft, die das Allgemeine um des Besonderen willen reflektiert.

Eine post-feministische Ethik setzt voraus, daß Frauen und Männer auf dem Boden der ihnen gemeinsamen Vernünftigkeit verstärkt auf die Urteilskraft setzen. Die Männer müssen dabei lernen, dem Besonderen einen Eigenwert zuzubilligen und es als etwas Schätzenswertes anzuerkennen. Von ihnen wird nicht die Preisgabe ihres Interesses am Allgemeinen gefordert, sehr wohl aber eine andere Einstellung bezüglich des Stellenwertes, der dem Allgemeinen zukommt, und der Verzicht auf Denkweisen, die einer Vergewaltigung des Besonderen Vorschub leisten. Die Frauen hingegen, die bereits aufgrund ihrer traditionellen Rolle mehr als die Männer in die vermittelnden Tätigkeiten der Urteilskraft eingeübt sind, aber wenig Gelegenheit bekamen, sich ihres Verstandes und ihrer Vernunft souverän zu bedienen, sie müssen lernen, sich auf dem Gebiet des Allgemeinen Autonomie zu erwerben, ohne den Fehler des Logozentrismus zu wiederholen. Erst wenn es allen Individuen, gleich welchen Geschlechts, gelingt, Verstand und Vernunft in den Dienst der Urteilskraft zu stellen, die wiederum die allgemeinen Geltungsansprüche in einen Zusammenhang mit den Interessen des Besonderen bringt - nicht mittels einer Subsumtionslogik, sondern einer Reflexionslogik, die Besonderes und Allgemeines als gleichberechtigte Partner aufeinander bezieht -, wird es möglich sein, jenseits der Geschlechterdifferenz menschlich zu denken und gemeinsam ein Allgemeines zu konstruieren, das nicht um seiner selbst, sondern um des Besonderen willen Gültigkeit beansprucht.

Plädoyer für ein utopisches Denken...

Der Weg zu einer nicht-androzentrischen, post-feministischen Ethik führt über die Utopie, denn utopisches Denken bewegt sich auf jener mittleren Denkebene des Allgemeinen und Besonderen, auf welcher der Erkenntnisprozeß nicht eindimensional auf die Logik von Begriffen gerichtet ist mit dem Ziel, eine in sich gegensatzlose Einheit zu konstruieren, sondern der Dualität einen Spielraum eröffnen soll. Utopisches Denken ist duales Denken, und duales Denken ist das Kennzeichen jenes Vermögens, das Urteilskraft heißt. Auch die Urteilskraft ist ein einheitsstiftendes Vermögen, aber das Interessante insbesondere an der *reflektierenden* Urteilskraft[121] ist die Art und Weise, wie sie Einheit stiftet. Sie verfährt nicht subsumierend, indem sie Geltungsansprüche des Besonderen denen des Allgemeinen unterwirft - nach Analogie des Verhältnisses von Herr und Knecht. So wie der Herr die Bedürfnisse des Knechts nur in dem Maß berücksichtigt, als dies für die Sicherung seiner eigenen, für höherrangig ausgegebenen Bedürfnisse erforderlich ist, so abstrahiert der Begriff von der Vielfalt des Besonderen alles das, was ihn redundant, da nicht zum Wesen gehörig, dünkt.

... gegen die männliche Subsumtionslogik.

Das Subsumtionsmodell des Verstandes basiert auf dem Ökonomieprinzip: Es rationalisiert alles weg, was aus der Perspektive des Allgemeinen zuviel ist und die Einheit des Begriffs sprengen könnte. So fallen, wie im Kapitel über die binäre Logik erläutert, dem Begriff *Obst* die Äpfel, Birnen, Kirschen usf. zum Opfer, nachdem zuvor dem Begriff *Apfel* schon die einzelnen Äpfel aufgeopfert wurden. Was für die einzelnen Früchte noch relativ harmlos sein mag, ist für menschliche Einzelwesen schon problematischer, denn der Begriff *Mensch* verdankt sich ebenfalls zwei scharfen Schnitten mit "Ockhams Rasiermesser"[122]: Zuerst wird Männern und Frauen die Individualität und dann das Geschlecht abgezogen. Auch der Begriff *Mensch* kann noch weiter reduziert werden: auf Lebewesen, dann auf Seiendes überhaupt und

---

121 Zum Unterschied zwischen bestimmender und reflektierender Urteilskraft vgl. *Kant*: *Kritik der Urteilskraft*, Einleitung, Kap. IV.

122 "Ockham's razor" dokumentiert sich in dem Satz: '*Pluralitas non est ponenda sine necessitate*'. (I Sent. prol., q. 1)

schließlich auf das Prinzip alles Seienden: eine göttliche Instanz, eine erste Substanz, eine Idee des Guten. Spätestens bei den höchsten und allgemeinsten, umfassendsten Begriffen werden die Kosten, die das Individuum als Preis für die Einheit zu bezahlen hat, offensichtlich: Es wird zu nichts. Seine Aufgabe hat sich darin erfüllt, dem Verstand als erste Stufe der Leiter zu dienen, die zur Einheit führt. Ist diese Einheit erreicht, stößt er die Leiter ab, da er sie nicht mehr benötigt. Von nun an wähnt er sich im Besitz eines Schlüssels, der überall den Zugang zum Wissen öffnet, ein Passepartout des Universums, wie ihn Faust, auf der Suche nach der Weltformel, begehrte: zu wissen, was die Welt im Innersten zusammenhält.

Der Mythos von der Objektivität der Wissenschaft.

Vielleicht läßt sich Wissenschaft, zum mindesten eine nomothetisch verfahrende Wissenschaft, nicht anders als auf die geschilderte Weise betreiben.[123] Doch selbst wenn dies der Fall sein sollte, ist Vorsicht geboten gegenüber der selbstverständlichen Unterstellung der Wissenschaftler und Philosophen, daß die mittels der Subsumtionslogik gewonnenen Erkenntnisse objektiv, d.h. von jedem rationalen Subjekt, unangesehen seines Geschlechts, bezüglich ihrer Wahrheit überprüfbar seien. Es handle sich demnach um Erkenntnisse, die weder auf der gleichsam privaten Stufe eines einzelnen Individuums noch auf der nächsthöheren Stufe der Klasse männlicher Individuen gewonnen seien, sondern auf der geschlechtsübergreifenden und daher -neutralen Stufe des Menschen.

Abstraktionen sind Ergebnisse von Willkür...

Denn wie wir gesehen haben, wird die jeweils höhere Stufe durch einen Schnitt erreicht, der bestimmt, was aus dem Material der vorhergehenden Stufe als überflüssig ausgegrenzt werden kann. Die Schnittstellen sind somit entscheidend für das gesamte Prozedere und dessen Ergebnis, stellen sie doch die Weichen für das, was als wesentlich angesehen wird und was als quantité négligeable zurückgelassen werden kann. Der Fehler, der hierbei vielen Wissenschaftlern unterläuft, besteht darin, daß sie den Schnittstellen eine ontologische Bedeutung beimessen, insofern sie davon ausgehen, daß die Schnitte objektiv vorgegeben sind, sich an der Sache selber abzeichnen, so daß man nur scharf genug hinblicken muß, um das Wesentliche vom Unwesentlichen zu trennen. In Wahrheit sind die Schnitte jedoch Setzungen, und hinter diesen Setzungen verbirgt sich ein Erkenntnisinteresse; kein allgemeinmenschliches, sondern ein spezifisch männliches Erkenntnisinteresse, das deutlich hervortritt, sobald darauf geachtet wird, worumwillen Wissenschaft betrieben wird. Die Sprache ist hier verräterisch, wenn es etwa heißt, man müsse der Vielheit Herr werden, sie überwinden, überwältigen. Es sind Kampfausdrücke, verbunden mit Machtvorstellungen, die die Komplexität des Besonderen, Konkreten als etwas sich Widersetzendes, Widerstand Leistendes in den Blick rücken, das dem männlichen Verfügungswillen mit rationaler Messergewalt unterworfen werden muß. Francis Bacon hat diesen Anspruch auf die kürzeste

---

[123] Zu einem anderen Verständnis von Wissenschaft vgl. *Hansen, Karin/Nowotny, Helga*: *Wie männlich ist die Wissenschaft?*, Frankfurt/M. 1990.

... und Machtinteressen.

Formel gebracht: Schaff dir Wissen, denn Wissen ist Macht.[124]

Die Schnitte, die der Verstand im Wildwuchs und Dickicht des Vielen legt, um es zu strukturieren, zu ordnen, einer Einheit zu unterstellen, sind somit Ausdruck eines sich hinter dem als allgemeinmenschlich ausgegebenen Wissenstrieb verbergenden Herrschaftswillens. Doch selbst wenn eingeräumt würde, daß Wissenschaft nicht anders als klassifikatorisch-subsumtiv vorgehen kann, um zu allgemeingültigen Erkenntnissen zu gelangen, bleibt immer noch die Frage, nach welchen Kriterien die Schnitte erfolgen sollen. Und die Kriterien wiederum ergeben sich aus dem Konzept von Einheit, das nicht in einer der Sache immanenten Logik gründet, sondern bestimmten, als solchen zu problematisierenden Erkenntnisinteressen entspringt.

Aufwertung des Besonderen durch utopische Entwürfe des Humanen.

Wie kann der Dogmatismus des männlichen Blicks aus seiner Erstarrung befreit und eine bewegliche Sicht der Dinge hergestellt werden, die das Konkrete, Besondere, Singuläre es selbst sein läßt, anstatt es in das Prokrustesbett des Allgemeinen zu pressen, auf dem seiner überquellenden Fülle Gewalt angetan wird? Meine Antwort lautet: durch utopisches Denken. Wörtlich verstanden bedeutet "ou topos" soviel wie "kein Ort". Entsprechend waren die von den klassischen Utopisten geschilderten Staaten ortlos in dem Sinn, daß ihre Existenz an keine bestimmt angebbare Raum-Zeit-Stelle gebunden ist. Es gibt sie de facto nirgendwo oder erst in einer fernen Zukunft. Scheinbar bloße Phantasiegebilde,

124 *'Nam et ipsa scientia potestas est.'*, *Bacon, Francis*: *Meditationes sacrae*, 11. Artikel: De haeresibus.

Ausgeburten einer praktischen Vernunft, die ihren Unbedingtheitsanspruch in einem Modell zu konkretisieren versucht, das die Verhaltensmuster einer schlechthin humanen Interaktionsgemeinschaft exemplarisch repräsentiert, wird Utopien allenfalls eine regulative Funktion in Bezug auf die bestehenden, als inhuman kritisierten Verhältnisse zugestanden. Da sie jedoch reine Gedankenexperimente der praktischen Vernunft sind, werden sie zumeist in die Nähe einer durch Wunschdenken in die Zukunft projizierten Traum- oder Scheinwelt gerückt, die zwar versatzstückartig mit Teilen der empirischen Wirklichkeit ausgestattet ist, sich insgesamt aber nicht verwirklichen läßt, weil sie nicht unter den Bedingungen der Empirie konstruiert ist, sondern ausschließlich auf dem Boden einer normativen Idealität operiert.

Utopisches Denken als duales Denken.

Im Unterschied zu der eher abschätzigen Beurteilung alles Utopischen von seiten des common sense und der Wissenschaftler möchte ich für ein utopisches Denken eintreten, das jenseits von Herrschaft und Knechtschaft eine duale Denkform ermöglicht, die in dem Sinn geschlechtsneutral ist, daß sie ein anderes Verständnis von Einheit zu denken erlaubt, die nicht durch Eliminierung der einen Seite des Gegensatzes erreicht wird, sondern durch Anerkennung der Gleichberechtigung beider Seiten hinsichtlich ihrer Geltungsansprüche.[125] Nicht daß die

---

125 Mittlerweile gibt es auch eine Reihe feministischer Utopien, die eine Umkehrung der Geschlechterrollen propagieren oder Zukunftsentwürfe von Frauengesellschaften mit Science fiction-Charakter, frei von Hierarchie und Repression, vorlegen. Vgl. u.a. *LeGuin, Ursula K.*: *Winterplanet*, München 1974;

von den klassischen Utopisten vorgelegten Entwürfe einer wahrhaft menschlichen Welt bereits als Produkte jenes dualen Denkens gelten können, im Gegenteil: Gerade bei Autoren wie Morus, Bacon und Campanella wird deutlich, daß auch sie den Logozentrismus nicht nur nicht überwunden, sondern geradezu propagiert haben, indem sie ihn von der *theoretischen* auf die *praktische* Vernunft übertrugen, d.h. dem praktisch Allgemeinen (der Idee des Guten, dem Sittengesetz, dem Prinzip der Moralität) den Vorrang vor dem praktisch Besonderen (den individuellen Interessen und Bedürfnissen) zuerkannten..

Der Terror des Allgemeinen in der klassischen Utopie.

Sie versuchten, das abstrakte Konstrukt eines ethischen Systems in ein soziales System zu übersetzen und dabei die Ansprüche des Allgemeinen bedingungslos durchzusetzen. So werden etwa die Prinzipien der Gleichheit und der sozialen Gerechtigkeit mittels rigoroser Unterdrückung von

---

Zimmer-Bradley, Marion: *Die Matriarchen von Isis*, Bergisch Gladbach 1979; *Russ, Joanna*: *Planet der Frauen*, München 1979; *Wittig, Monique*: *Die Verschwörung der Balkis*, München 1980; *Sargent, Pamela*: *The Shore of Women*, Toronto/New York 1987. Zur feministischen Zukunftsliteratur vgl. *Miller-Gaerhart, Sally*: Künftige Visionen und die Politik von heute. Feministische Utopien im Überblick. In: *Hoffmann-Baruch, Elaine/Rohrlich, Ruby* (Hrsg.): *Weder Arkadien noch Metropolis*. Frauen auf der Suche nach ihrer Utopie, München 1986; *Holland-Cunz, Barbara* (Hrsg.): *Feministische Utopien - Aufbruch in die postpatriarchale Gesellschaft*, Meitlingen 1987; *Klinger, Cornelia*: Die Frau von morgen - aus der Sicht von gestern und heute. In: *Sloterdijk, P.* (Hrsg.): *Vor der Jahrtausendwende*. Berichte zur Lage der Zukunft, Frankfurt a. M. 1990; Bd. 2, 365-418.

persönlichen Besitzansprüchen und individuellen Neigungen aufrechterhalten. Alles was dazu beiträgt, die Unterschiede und Ungleichheiten zwischen den Menschen zu betonen oder zu vertiefen, wird gnadenlos bekämpft. Wer von der Norm abweicht, muß mit harten Sanktionen rechnen. Zugleich wird den Mitgliedern der Gemeinschaft ein Leben lang suggeriert, daß sie beim Verzicht auf persönliches Eigentum und individuelles Glück nichts verlieren, sondern im Dienst der Idee des Guten reichlich dafür entschädigt werden.[126] Huxley hat in seiner Utopie der schönen neuen Welt das unerbittliche Diktat des Gleichheitsgrundsatzes karikiert: "Man wird so genormt, daß man nichts anderes tun kann, als was man tun soll. Und was man tun soll, ist im allgemeinen so angenehm, daß [...] es auch keine Versuchungen mehr gibt."[127] Im Namen einer das Allgemeine verherrlichenden praktischen Vernunft wird das Besondere, wo es nicht abgeschafft werden kann, einer engmaschigen Kontrolle unterstellt, die jede Freiheit von vornherein aufhebt und die Individuen um ihr Glück betrügt.

Utopisches Denken jenseits von Herrschaft und Knechtschaft kann also nicht auf den Entwurf von

---

126 Vgl. hierzu z.B. die Kapitel über 'Tugend und Glückseligkeit' und 'Die Lehre von der Lust' in *Thomas Morus*: Utopia. In: *Heinisch, K. J.* (Hrsg.): *Der utopische Staat*, Hamburg 1960, 70 ff..

127 *Huxley, A.*: *Schöne neue Welt*, Frankfurt a. M. 1978, 206. Vgl. auch S. 30: "'Und darin', warf der Direktor salbungsvoll ein, 'liegt das Geheimnis von Glück und Tugend: Tue gern, was du tun mußt! Unser ganzes Normungsverfahren verfolgt dieses Ziel: die Menschen zu lehren, ihre unumstößliche soziale Bestimmung zu lieben.'"

Utopien abzielen, die eine ideale Gesellschaft auf dem Boden einer übergeschlechtlichen praktischen Vernunft in concreto umreißen. Ein derart umfassendes Gesamtkonstrukt müßte angesichts der komplexen Strukturen unserer heutigen Lebenswelt notwendig skizzenhaft und entsprechend oberflächlich ausfallen, ganz abgesehen von der Gefahr, daß wiederum die Unterschiede zwischen den Menschen, Gruppen, Völkern und Nationen vorschnell zugunsten eines Einheitsmodells eingeebnet werden könnten.

Utopisches Denken ist situations-bezogen...

Ich verstehe unter utopischem Denken einen Typus situationsbezogener Reflexion, in welcher es über mehrere Verfahrensschritte darum geht, das jeweils Gegebene, das Bestehende, den besonderen Fall oder Sachverhalt, der als in sich konfliktträchtig erlebt wird, daraufhin zu betrachten, was an ihm das Anstößige ist, ob z.B. eine Interessenkollision vorliegt, oder ob gewisse Vorurteile, Ideologien, unterschiedliche Weltanschauungen etc. die konflikterzeugenden Auslöser sind.

In einem ersten Schritt ist mithin zu prüfen, welche Vorstellungen vom Allgemeinen den Urteilen über das Besondere zugrundeliegen. In einem zweiten Schritt sind alle diese Vorstellungen des Allgemeinen hinsichtlich ihrer normativen Verbindlichkeit zu suspendieren, um tabula rasa zu machen und damit der Urteilskraft einen Freiraum, gleichsam eine Fläche zu eröffnen, auf der sie - versuchsweise, utopisch - ihre Überlegungen einschreiben kann.

... hat restaurative und innovative Kraft.

Einerseits besitzt utopisches Denken eine restaurative Kraft, insofern es das Besondere gewisserma_en nackt sichtbar macht, ohne die verfälschenden, deformierenden, destruierenden Spuren, die eingeschliffene Konstrukte des

Allgemeinen an ihm hinterlassen haben. Auf der anderen Seite besitzt es eine innovative Kraft, vermittels derer es mit Blick auf das wiedergewonnene, unverstellte Besondere ein neues Allgemeines entwirft, ein Konzept, das nicht die Funktion des Herrn ausübt, sondern die eines Partners übernimmt. Die Beziehung zwischen Besonderem und Allgemeinem ist dann nicht mehr die einer Subordination, sondern einer gleich-berechtigten Partnerschaft, in welcher erst einmal auf Probe miteinander kooperiert wird, bevor das Verhältnis sanktioniert wird.

Ziel des utopischen Denkens ist die Aufwertung von Differenz...

Was das utopische Verfahren der reflektierenden Urteilskraft im Hinblick auf die Problematik der Geschlechterdifferenz zu leisten vermag, soll abschließend kurz skizziert werden. Utopisches Denken hat als erstes die Wiedergewinnung der beiden Geschlechter zum Ziel, so wie sie in der ursprünglichen intuitiven Selbsterfahrung von weiblichen und männlichen Individuen gegenwärtig sind. Dieses Ziel ist nicht einfach dadurch erreichbar, daß bloß im Kopf die herrschenden Vorstellungen vom Allgemeinen außer Kraft gesetzt werden, so als könnte man das Besondere an sich selbst übrigbehalten, indem man das Allgemeine durchstreicht. Vielmehr ist das weibliche Selbstverständnis seit jeher so eng mit den aus der männlichen Perspektive entworfenen Konzepten von Mensch und Frau verflochten, daß eine Zurückbuchstabierung zur Urschrift des Weiblichen nur durch eine immanente, schrittweise Auflösung der sie vereinnahmenden und besetzenden, tief in das Bewußtsein eingeritzten Spuren einer rigoros verallgemeinernden Einheitsschrift gelingen kann. Die Rückkehr zu den eigenen Wurzeln ist ein Abenteuer, eine Entdeckungsreise, die im Zuge der

Rekonstruktion der wahren Ursprünge auch Phantasien ermöglicht in bezug auf das, was hätte sein können, wenn ...

Der utopische Rückgang zu den Fragmenten einer weiblichen Urschrift ist jedoch erst dann vollendet, wenn es gelingt, sie neu zu schreiben, nicht so, als hätte es die vielen Formen ihres Verschwindens in der Einheitsschrift einer einseitig subsumierenden Logik nie gegeben, sondern im Bewußtsein der Gefahr, die mit jedem abstrahierenden Denken verbunden ist. Gleichwohl brauchen wir Vorstellungen eines Allgemeinen, eines Allgemeinen jedoch, das die reflektierende Urteilskraft vermöge ihres utopischen Potentials nicht als ein übergeschichtliches, atemporales Begriffskonstrukt vom Menschen *überhaupt* entwickelt, sondern als eine Konstellation oder Projektion von Gegenwart, die dem Gegensatz des Weiblichen und Männlichen integrativ Rechnung trägt, indem sie ihn nicht unterschiedslos in einer Einheit aufhebt, die als ungeschlechtliche menschenunwürdig ist, da sie eben jene Besonderheit negiert, die zum Sein als Mensch hinzugehört. Vielmehr soll es sich um eine dual-geschlechtliche Einheit handeln, in der das Unterscheidende erhalten bleibt, nicht im Sinne einer feindlichen Konfrontation, sondern einer gegenseitigen Wertschätzung von Menschen, die ihre Verschiedenheit anerkennen.

... und die Entwicklung eines neuen Begriffs „Mensch".

Für das utopische Unternehmen ist nicht nur ein scharfsinniger Verstand nötig; es braucht vor allen Dingen Mut, um die überall in unserer Lebenswelt wirksamen patriarchalen Repräsentanten des Allgemeinen zu problematisieren, und es braucht Phantasie, um die durch Eliminierung der

Mut und Phantasie bringen utopisches Denken voran.

Androzentrismen entstandenen Lücken mit neuen, menschenangemesseneren Konzepten zu füllen.

Zitierte Literatur

Aristoteles: *Politik*, Hamburg 1981

Aristoteles: *Metaphysik*, Hamburg ²1984

Augustinus: *Bekenntnisse*, Stuttgart 1993

Bacon, Francis: *Essays, civil and moral, apophthegmes, meditationes sacrae* (*Works* 1), London 1825

Benhabib, Seyla: Urteilskraft und die moralischen Grundlagen der Politik im Werk Hannah Arendts. In: *Zeitschrift für philosophische Forschung* 41 (1987), 521-547

Benhabib, Seyla: Der verallgemeinerte und der konkrete Andere. Ansätze zu einer feministischen Moraltheorie. In: *List, E./ Studev, H.* (Hrsg.): *Denkverhältnisse.* Feminismus und Kritik, Frankfurt a. M. 1989, 454-497

Benhabib, Seyla: *Kritik, Norm und Utopie*. Die normativen Grundlagen der kritischen Theorie, Frankfurt a. M. 1992

Benhabib, Seyla (Hrsg.): *Der Streit um Differenz*. Feminismus und Postmoderne in der Gegenwart, Frankfurt a. M. 1993

Braun, Christina von: *Nicht ich.* Logik - Lüge - Libido, Frankfurt a.M. 1985

Bruno, Giordano: *Die Vertreibung der triumphierenden Bestie* (*Gesammelte Werke* 2), Leipzig ²1904

Butler, Judith: *Das Unbehagen der Geschlechter*, Frankfurt a. M. 1991

Butler, Judith: Kontingente Grundlagen. Der Feminismus und die Frage der 'Postmoderne'. In: *Benhabib, Seyla* (Hrsg.): *Der Streit um Differenz*, A. a. O., 31-58

Cavarero, Adriana: Ansätze zu einer Theorie der Geschlechterdifferenz. In: *Diotima, Philosophinnengruppe aus Verona* (Hrsg.): *Der Mensch ist zwei*. Das Denken der Geschlechterdifferenz, Wien ²1993, 65-102

Chodorow, N.: *The Reproduction of Mothering*. Psychoanalysis and the Sociology of Gender, Berkeley, Calif. 1978 (dt.: *Das Erbe der Mütter*. Psychoanalyse und Soziologie der Mütterlichkeit, München 1985)

Cixous, Helene: Geschlecht oder Kopf?. In: *Aisthesis*. Wahrnehmung heute oder Perspektiven einer anderen Ästhetik, Leipzig 1990, 98-122

Cornell, Drucilla: Die Zeit des Feminismus neu gedacht. In: *Benhabib, Seyla* (Hrsg.): *Der Streit um Differenz*. Feminismus und Postmodeme in der Gegenwart, A. a. O., 133-144

Daly, Mary: *Gyn/Ökologie*. Eine Meta-Ethik des radikalen Feminismus, München 1985

de Beauvoir, Simone: *Das andere Geschlecht*. Sitte und Sexus der Frau, Reinbek 1992

De Sousa, Ronald: *The Rationality of emotions*, Cambridge, Mass. 1987

Flax, Jane: *Thinking Fragments*. Psychoanalysis and Postmodernism in the Contemporary West, Berkeley 1990

Foucault, Michel: *Sexualität und Wahrheit*, 3 Bde., Frankfurt a. M. 1977-1986; Bd. 2: *Der Gebrauch der Lüste*

Friedman, Marilyn: Jenseits von Fürsorglichkeit. Die Ent-Moralisierung der Geschlechter. In: *Nagl-Docekal, H./ Pauer-Studer, H.* (Hrsg.): *Jenseits der Geschlechtermoral*. Beiträge zur feministischen Ethik, A. a. O., 241-266

Gilligan, Carol: Die andere Stimme. Lebenskonflikte und Moral der Frau, München 1990

Gilligan, Carol: Moralische Orientierung und moralische Entwicklung. In: *Nunner-Winkler, G.* (Hrsg.): *Weibliche Moral*. Die Kontroverse um eine geschlechtsspezifische Ethik, Frankfurt a. M. 1991, 79-100

Greenspan, Patricia C.: *Emotions and Reasons*. An Inquiry into Emotional Justification, New York/ London 1988

Hansen, Karin/ Nowotny, Helga: *Wie männlich ist Wissenschaft?*, Frankfurt a. M. 1990

Hegel, Georg Wilhelm Friedrich: *Grundlinien der Philosophie des Rechts* (*Werke* 7), Frankfurt a. M. 1976

Heller, Agnes: *Theorie der Gefühle*, Hamburg 1980

Hoagland, Sarah Lucia: Einige Gedanken über das Sorgen. In: *Nagl-Docekal, H./ Pauer-Studer, H.* (Hrsg.): *Jenseits der Geschlechtermoral*, A. a. O., 173-194

Holland-Cunz, B. (Hrsg.): *Feministische Utopien*. Aufbruch in die postpatriarchale Gesellschaft, Meitlingen 1987

Huxley, Aldous: *Schöne neue Welt*, Frankfurt a. M. 1978

Irigaray, Luce: *Genealogie der Geschlechter*, Freiburg 1989

Irigaray, Luce: *Ethik der sexuellen Differenz*, Frankfurt a. M. 1991

Kant, Immanuel: *Kritik der Urteilskraft*, Hamburg 1959

Kant, Immanuel: Beobachtungen über das Gefühl des Schönen und Erhabenen, In: *Werke*, hg. von Wilhelm Weischedel, Bd. 2, Darmstadt 1960

Klinger, Cornelia: Die Frau von morgen - aus der Sicht von gestern und heute. In: *Sloterdijk, P.* (Hrsg.): *Vor der Jahrtausendwende*. Berichte zur Lage der Zukunft, Frankfurt a. M. 1990, Bd. 2, 365-418

Kohlberg, L.: *The Philosophy of Moral Development*, San Francisco 1981

Kristeva, Julia: *Geschichten von der Liebe*, Frankfurt a. M. 1989

Le Guin, Ursula K.: *Winterplanet* (engl.: The Left Hand of Darkness), München 1974

MacKinnon, Catharine A.: *Feminism Unmodified*. Discourses of Life and Law, Cambridge/Mass. 1987

Maihofer, Andrea: Ansätze zur Kritik des moralischen Universalismus. Zur moraltheoretischen Diskussion um Gilligans Thesen einer "weiblichen" Moralauffassung. In: *Feministische Studien* 6 (1988), 32-52

Maihofer, Andrea: Gleichheit nur für Gleiche?. In: Gerhard, U. u.a. (Hrsg.), *Differenz und Gleichheit*, Frankfurt a. M. 1990, 351-365

Meier-Seethaler, Carola: *Gefühl und Urteilskraft*. Ein Plädoyer für die emotionale Vernunft, München 1997

Meyer Ursula/Bennent-Vahle, Heidemarie: *Philosophinnen-Lexikon*, Aachen 1994

Miller Gaerhart, Sally: Künftige Visionen und die Politik von heute. Feministische Utopien im Überblick. In: *Hoffmann-Baruch, E./ Rohrlich, R.* (Hrsg.): *Weder Arkadien noch Metropolis*. Frauen auf der Suche nach ihrer Utopie, München 1986

Morus, Thomas: Utopia. In: *Heinisch, K. J.* (Hrsg.): *Der Utopische Staat*. Hamburg 1960, 11-110

Nagl-Docekal, H./ Pauer-Studer, H. (Hrsg.): *Jenseits der Geschlechtermoral*. Beiträge zur feministischen Ethik, Frankfurt a. M. 1993

Noddings, Nel: Warum sollten wir uns ums Sorgen sorgen? In: *Nagl-Docekal, H./ Pauer-Studer, H.* (Hrsg.): *Jenseits der Geschlechtermoral*, A. a. O., 135-172

Nunner-Winkler, G. (Hrsg.): *Weibliche Moral*. Die Kontroverse um eine geschlechtsspezifische Ethik, Frankfurt a. M. 1991

Ockham, Wilhelm von: *Scriptum in librum primum sententiarum* (*Opera theologica* 1), New York 1967

Parmenides: Über die Natur. In: *Mansfeld, J.* (Hrsg.): *Die Vorsokratiker*, Stuttgart 1987

Platon: *Phaidon* (*Sämtliche Werke* 3), Hamburg 1961

Platon: *Politeia* (*Sämtliche Werke* 3), Hamburg 1961

Platon: *Symposion* (*Sämtliche Werke* 2), Hamburg 1961

Platon: *Theaitetos* (*Sämtliche Werke* 4), Hamburg 1961

Plotin: Über die Entstehung und Ordnung der Dinge nach dem Ersten (Enneade V 2). In: *Plotins Schriften*, Bd. 1, Hamburg 1956, 238-243

Rousseau, Jean-Jacques: *Émile oder über die Erziehung*, Paderborn 1978

Rullmann, Marit: *Philosophinnen*. Von der Antike bis zur Aufklärung, Dortmund 1993

Russ, Johanna: *Planet der Frauen*, München 1979

Sargent, Pamela: *The Shore of Women*, Toronto/ New York 1987

Scheele, Brigitte: *Emotionen als bedürfnisrelevante Bewertungszustände*. Grundriß einer epistemologischen Emotionstheorie, Tübingen 1990

Schelling, F. W. J.: *Über das Wesen der menschlichen Freiheit*, Stuttgart 1983

Schopenhauer, Arthur: *Die Welt als Wille und Vorstellung.Erster Band* (*Sämtliche Werke*, Bd. 2), Darmstadt 1968

Spinoza: *Ethik*, Hamburg 1955

Spinoza, Baruch de: *Abhandlung vom Staate. - Abhandlung über die Verbesserung des Verstandes*, Hamburg 1977

Ulich, Dieter: *Das Gefühl*. Über die Psychologie der Emotionen, München 1985

Vigotsky, Lev S.: *Mind in Society*. The Development of Higher Psychological Processes, Cambridge, Mass. 1978 (dt.: *Geschichte der höheren psychischen Funktionen*, Münster [u.a.] 1992)

Wittgenstein, Ludwig: *Philosophische Untersuchungen* (*Schriften* 1), Frankfurt a. M. 1967

Wittig, Monique: *Die Verschwörung der Balkis*, München 1980

Ziegler, Albert: *Das natürliche Entscheidungsrecht des Mannes in Ehe und Familie*. Ein Beitrag zur Gleichberechtigung von Mann und Frau, Heidelberg 1958

Zimmer-Bradley, Marion: *Die Matriarchen von Isis*, Bergisch Gladbach 1979

UTB FÜR WISSEN SCHAFT

Auswahl Fachbereich Philosophie

1922 Lange, L. Wittgenstein: „Logisch- philosophische Abhandlung"
(F. Schöningh). 1996.
DM 18,80, öS 137,--, sfr 18,00

1951 Bartels, Grundprobleme der modernen Natuphilosophie
(F. Schöningh). 1996.
DM 22,80, öS 166,--, sfr 21,00

1952 Charpa, Grundprobleme der Wissenschaftsphilosophie
(F. Schöningh). 1996.
DM 22,80, öS 166,--, sfr 21,00

1959 Oelmüller/Dölle-Oelmüller, Grundkurs Religionsphilosophie
(W. Fink). 1997.
DM 24,80, öS 181,--, sfr 23,00

1962 Pascher, Einführung in den Neukantianismus
(W. Fink). 1997.
DM 19,80, öS 145,--, sfr 19,00

1972 Grondin (Hrsg.) Gadamer Lesebuch
(Mohr Siebeck). 1997.
DM 19,80, öS 145,--, sfr 19,00

1975 Luckner, Martin Heidegger: „Sein und Zeit"
(F. Schöningh). 1997.
DM 19,80, öS 145,--, sfr 19,00

1982 Wuchterl, Streitgespräche u. Kontroversen in der Philosophie des 20. Jahrhunderts
(P. Haupt). 1997.
DM 34,80, öS 254,--, sfr 32,50

1985 Jäger, Gilles Deleuze
(W. Fink). 1997.
DM 29,80, öS 218,--, sfr 27,50

1995 Gehlen, Der Mensch
(Quelle&Meyer). 13. Aufl. 1997.
DM 39,80, öS 291,--, sfr 37,00

1997 Schmidt, Hegel: Wissenschaft der Logik - Die Lehre vom Wesen
(F. Schöningh). 1997.
DM 26,80, öS 196,--, sfr 25,00

1999 Zoglauer, Einf. in die formale Logik für Philosophen
(Vandenhoeck&Ruprecht). 1997.
DM 19,80, öS 145,--, sfr 19,00

2000 Karl R. Popper Lesebuch
(Mohr Siebeck). 2. Aufl. 1997.
DM 21,80, öS 159,--, sfr 20,00

1775 Lüdeking, Analytische Philosophie der Kunst
(W. Fink). 1998.
DM 24,80, öS 181,--, sfr 23,00

2006 Matzker, Anthropologie
(W. Fink). 1998.
DM 24,80, öS 181,--, sfr 23,00

2007 Möckel, Einführung in die transzendentale Phänomenologie
(W. Fink). 1998.
DM 32,80, öS 239,--, sfr 30,50

Preisänderungen vorbehalten.

Das UTB-Gesamtverzeichnis erhalten Sie in Ihrer Buchhandlung oder direkt von UTB, Postfach 80 11 24, 70511 Stuttgart.